Das Abendländische Totenbuch • Engelbert J. Winkler

Engelbert J. Winkler

Das Abendländische Totenbuch

Der Tag, an dem Elias starb

Texte zur Überwindung der menschlichen Sterblichkeit für Erwachsene, Kinder und Jugendliche

Corona Verlag
HAMBURG

Die Deutsche Bibliothek – CIP-Einheitsaufnahme

Winkler, Engelbert J.:
Das abendländische Totenbuch : der Tag, an dem Elias starb; Texte zur Überwindung der menschlichen Sterblichkeit für Erwachsene, Kinder und Jugendliche / Engelbert J. Winkler.- Hamburg : Corona-Verl., 1996
ISBN 3-928084-22-4

1996
ISBN 3-928084-22-4

Satz und Layout: Corona Verlag, Hamburg
Druck und Bindung: Westermann Druck Zwickau GmbH
Printed in Germany

Müde bin ich von der Welt,
leg mich unters Sternenzelt.
Leise kommt der Mann aus Licht,
lächelt in mein Angesicht.

Elias Nachtgebet

»Angst ist der Taumel der Freiheit.«

Kierkegaard

Inhaltsverzeichnis

Vorwort: Das Elias-Projekt

Als mir vor einigen Jahren vom zuständigen Jugendamt die Behandlung eines selbstmordgefährdeten neunjährigen Knaben »angeboten wurde«, konnte ich nicht ahnen, welcher Herausforderung ich mich bald darauf zu stellen hatte.

Patricks (Name geändert) Vater hatte sich wenige Monate zuvor erhängt. Seit dem Tod seines Vaters entwikkelte Patrick neben unterschiedlichen – teils recht massiven – Verhaltensauffälligkeiten eindeutige Selbstmordabsichten. Immer öfter kündigte er sein immer näherrückendes freiwilliges Ableben an und brachte damit seine Mutter und einige professionelle (und viele weniger professionelle) »Helfer« an den Rand der Verzweiflung. Die von mir durchgeführte Anamnese ergab, daß Patricks Suizidgefährdung bedrohlich war und seine Absichten sehr ernst genommen werden mußten. Neben der Installation einer längerfristigen familientherapeutischen Arbeit (mit allen Familienmitgliedern), ging es um eine kurzfristige Krisenintervention, in deren Mittelpunkt ein – dem Alter des Jungen – angemessener Umgang mit dem Thema Sterben und Tod zu stehen hatte. Dies erwies sich jedoch als außerordentlich schwierig, da Patrick keinerlei Bereitschaft zeigte, sich am »üblichen« kinder- bzw. spieltherapeutischen Vorgehen zu beteiligen.

Mehr und mehr zog sich Patrick in sich selbst zurück, wirkte zusehends verzweifelter und bestand darauf, seinen nächsten Geburtstag (in einem halben Jahr) nicht mehr zu erleben. Nachdem alle erdenklichen individual- wie auch familientherapeutischen Interventionen Patrick in seiner Hoffnungslosigkeit nicht zu erreichen vermochten, besann ich mich der Wirkung von Nahtod-Erfahrungen bzw. Sterbebettvisionen auf suizidale Menschen.

Im Rahmen eines Projektes zur Erforschung der Wirkungen von Erlebnissen in Todesnähe auf Überlebende war ich schon öfter mit dem »paradoxen« Effekt von Nahtod-Erfahrungen konfrontiert gewesen: Obwohl sich Nahtod-Erfahrungen im allgemeinen durch »äußerst positive Inhalte« auszeichnen und Menschen aus einem solchen Erlebnis nur widerwillig ins Leben zurückkehren, gehört eine deutlich gesteigerte bzw. wiedergewonnene Lebensfreude zu den ausgeprägtesten und überraschendsten Langzeitfolgen einer Nahtod-Erfahrung. Tatsächlich hatte ich Männer wie Frauen kennengelernt, die, nachdem sie ein mißlungener Selbstmordversuch bis an den Rand des Todes geführt hatte, trotz der »jedes irdische Vorstellungsvermögen sprengenden Schönheit« (wörtl. Zitat) des dort Vorgefundenen, an keine weiteren Wiederholungen ihres selbstmörderischen Tuns dachten. Im Gegenteil, je beeindruckender die geschilderten Eindrücke waren, desto gründlicher lösten sich alle destruktiven Absichten wie von selbst auf. Und mehr noch, auch die zugrundeliegenden Störungen, die den Selbstmordversuch verursacht hatten, waren nach einer Nahtod-Erfahrung oft nicht mehr nachweisbar. Nicht selten verloren sich Sinnlosigkeitsgefühle und trostlose Selbstbilder im wundersam wiederhergestellten Abwechslungsreichtum einer Welt, die mit einem Mal jede Menge erkennbarer Sinnangebote bereithielt.

In der Nahtodforschung sind ekstatische Beschreibungen von »Wunderheilungen« keine Ausnahme, sondern die Regel.

Ich hatte auch einiges über den therapeutischen Einsatz von Berichten Überlebender in der Behandlung von selbstmordgefährdeten Patienten gelesen, und aus verschiedenen Fachjournalen wußte ich von sensationell anmutenden Erfolgen derartiger Maßnahmen.

Wie aber verhielt sich das mit einem Kind? Ich hatte keine Ahnung, wie ein neunjähriger Junge, der beschlossen hatte, seinem verstorbenen Vater zu folgen, auf die Konfrontation mit den verlockenden Bildern aus Nahtod-Erfahrungen reagieren würde. Bestand nicht gerade bei Patrick die Gefahr, sein Vorhaben mit zusätzlichen Anreizen zu unterstützen?

Andererseits, was hatte ich (und vor mir andere) nicht schon alles vergeblich versucht?

Als zuletzt weder die Konsultation eines erfahreneren Kollegen noch die obligatorische Supervision neue gangbare Wege in der Behandlung Patricks ergaben, die Lage aber immer ernster wurde, entschied ich mich für ein gewagtes Experiment.

Entsprechend dem Verständnis und den dramaturgischen Ansprüchen eines Schulkindes, »verarbeitete« ich eine »durchschnittliche« Nahtod-Erfahrung zu einem »kindergerechten« Text. Die so erhaltene Erzählung legte ich anschließend einem bekannten Kunsterzieher vor, der sie wiederum Schülern der Unterstufe des Gymnasiums Kufstein mit der Aufforderung vorlas, ihrem Verständnis (der Handlung) entsprechende Bilder zu malen.

Das Ergebnis war verblüffend. Als besäßen diese Kinder noch Reste von Erinnerungen an jenen Ort, an den wir alle einst zurückkehren müssen, entstanden Bilder einer anderen Dimension, die mit verspielter Leichtigkeit noch die Vorlage an Detailtreue übertrafen.

»Der Tag, an dem Elias starb« war meine letzte Hoffnung für Patrick. Unter streng kontrollierten Rahmenbedingungen wurden Patrick, seine Geschwister und ihre Mutter mit den Darstellungen einer kindlichen Nahtod-Erfahrung konfrontiert.

Die ganze Familie reagierte mit spontanen Veränderungen. Patrick zeigte starkes Interesse für Text und Bilder und setzte sich ebenso intensiv damit auseinander wie die anderen Familienmitglieder. Die Kinder fertigten eigene Zeichnungen ihrer Lieblingsszenen an und unterhielten sich (erstmals!) ausführlich mit der Mutter über den Tod des Vaters.

Patricks Suizidankündigungen wurden seltener und blieben schließlich ganz aus. Gleichzeitig änderte sich sein Sozialverhalten drastisch: Bisher sehr aggressive Tendenzen (besonders gegenüber seinen Geschwistern) wurden von versöhnlicheren Verhaltensäußerungen abgelöst. Patricks »Wiedereintritt« in den Familienverband konnte letztendlich auch die akute Selbstgefährdung abwenden. Bald zerbrach er sich wieder den Kopf über die Geschenke für seinen bevorstehenden Geburtstag.

Die entscheidenste Veränderung war die neugewonnene Fähigkeit der Familie, angstfrei über den Tod des Vaters zu sprechen, weshalb die weitere (notwendige) familientherapeutische Arbeit in einer ungefährlicheren Atmosphäre vonstatten gehen konnte.

Nachdem sich der Text – die Urfassung des in diesem Buch wiedergegebenen Elias-Textes – auch bei anderen »schwierigen Fällen« bewährt hatte, wurde mir allmählich klar, daß ich auf ein höchst wirksames Prinzip gestoßen war.

Zunehmend unbefangener bezog ich in der Zwischenzeit Elemente aus Schilderungen von Nahtod-Erfahrungen in die therapeutische Arbeit ein, sowohl mit Erwachsenen als auch mit Kindern und Jugendlichen.

Dabei lagen die Erfolge oft weit über den mit »herkömmlichen« Ansätzen erreichbaren Ergebnissen. Ob es sich um die Begleitung einer Krebspatientin, die sich angesichts ihrer kleinen Kinder nicht zu sterben erlaubte, oder um einen unter starken Gewissensnöten leidenden – von seinem Glauben abgefallenen – Zeugen Jehovas handelte, die erzielten Wirkungen sprachen eindeutig für dieses unkonventionelle Vorgehen.

In immer »breiteren Einsätzen« – bei vielfältigsten Störungsbildern – gelang es mir bis heute nicht, die Grenzen dieses heilsamen Potentials zu erreichen oder gar zu überschreiten. Das Elias-Projekt (so hatte ich dieses waghalsige Unterfangen mittlerweile nach dem jungen Protagonisten des ersten Entwurfes benannt) nahm unvorhersehbare Dimensionen an.

Nahtod-Erfahrungen haben sich in unterschiedlichen Aufgabenbereichen nun schon mehrfach so gut bewährt, daß zu Recht von einem Abendländischen Totenbuch ausgegangen werden darf, das die Gesamtheit aller mündlichen und schriftlichen Nahtod-Überlieferungen des westlichen Kulturkreises bezeichnet bzw. begrifflich zusammenfaßt.

Genaugenommen stellt somit auch das vorliegende Werk lediglich einen verallgemeinerten Aspekt des eigentlichen Totenbuches abendländischer Tradition dar. Allerdings einen hoch wirksamen!

Heute steht das Elias-Projekt für das Bestreben einer möglichst umfassenden Nutzung des Abendländischen Totenbuches in Therapie, Beratung und Selbsterfahrung. Wesentliche Bestandteile des Projektes sind die beiden gegenständlichen Texte für Erwachsene, Kinder und Jugendliche.

Was man auch immer von Nahtod-Erfahrungen halten mag, längst ist ihre außerordentliche Wirksamkeit über jeden Zweifel erhaben. Insofern ist es berechtigt – in westlicher Diktion – vom Abendländischen Totenbuch als von einem Medikament, einem Heilmittel – im wahrsten Sinne des Wortes – zu sprechen.

In diesem Sinn wurden Ausführungen über Entstehung und Einsetzbarkeit einschließlich einer Erläuterung der Wirkzusammenhänge den beiden Texten des Totenbuches in Form einer Gebrauchsinformation vorangestellt.

Die Gebrauchsinformation wurde wiederum in Übereinstimmung mit Ansätzen moderner Philosophie und Psychologie als eigenständige Abhandlung zum Thema Nahtod-Erfahrungen formuliert. Wer sich eingehender mit Grundlagenwissen auf geisteswissenschaftlichem Niveau auseinandersetzen will, findet darin Hinweise auf den aktuellen Stand der interdisziplinären Nahtod-Forschung.

Gewöhnlich richten sich Gebrauchsinformationen an jene, die erst etwas »Unverständliches« lesen müssen, bevor sie an die Wirksamkeit einer Arznei glauben können bzw. ihren klinischen Einsatz bewilligen dürfen.

Wer hingegen nichts mit den reichlich abgehobenen Formulierungen wissenschaftlicher Fachsprache »am Hut hat«, sollte sich auch nicht damit aufhalten und gleich zum eigentlichen Totenbuch weiterblättern. Erst in der Beschäftigung mit dem Totenbuch erfährt er dessen transformative Kraft an sich selbst.

Es bleibt mir an dieser Stelle noch, den Leser, als neuen Teilnehmer am Elias-Projekt, darauf aufmerksam zu machen, daß es sich bei einem Totenbuch um kein gewöhnliches Buch handelt. Aus welchen Gründen auch immer jemand zum Abendländischen Totenbuch greift, wenn er es wieder beiseite legt, wird sich »so manches« unwiderruflich verändert haben.

Engelbert J. Winkler

Ebbs, März 1996

I Hersteller

Viele Millionen (!) Menschen, die beinahe schon einmal gestorben wären und sich aufgrund ihrer Erlebnisse in der Nähe des Todes auf erstaunliche Weise verändert haben.

II Verbreitung

Die Verbreitung des Abendländischen Totenbuches vollzieht sich durchwegs mündlich.

Der Eingang von Nahtod-Erfahrungen in die Literatur erfolgte bisher zumeist auf drei Ebenen:

- Als Gegenstand wissenschaftlicher Untersuchungen und populärwissenschaftlicher Traktate.
- Als Untermauerung pseudoreligiöser Thesen.
- Als Stilmittel der Unterhaltungsliteratur.

In keinem der drei Bereiche wurden Nahtod-Erfahrungen wie die eigenständige Tradition eines zeitgenössischen Totenbuches behandelt (oder als eine solche erkannt).* Nur in den mündlichen Berichten Betroffener blieb zuweilen der Hauch des Mysteriums spürbar.

**Entweder aus formalen Gründen, wie sie sich aus den Ansprüchen der Wissenschaftlichkeit zwingend von selbst ergeben, oder der Eigennützigkeit der Verfasser wegen, die sich entsprechender Darstellungen oft genug als Mittel zu fragwürdigen Zwecken bedienen.*

III Zusammensetzung

In der vorliegenden Form besteht das Abendländische Totenbuch aus zwei Teilen:

Teil I – Das Abendländische Totenbuch
Teil II – Das Abendländische Totenbuch für Kinder und Jugendliche: Der Tag, an dem Elias starb

Beide Teile setzen sich aus wesentlichen gemeinsamen Elementen berichteter – und auf ihre Authentizität hin geprüfter – Nahtod-Erfahrungen zusammen.

Wurde Teil I vorwiegend für Erwachsene verfaßt, eignet sich Teil II besonders für Kinder und Jugendliche, da die dem Text zugrunde gelegten Nahtod-Erfahrungen ebenfalls von Kindern und Jugendlichen berichtet wurden und er zudem dramaturgisch – nicht zuletzt durch die Beigabe von Kinderbildern – entsprechend »kindgerecht« aufbereitet werden konnte.*

**Obwohl sich die Berichte über Nahtod-Erfahrungen im allgemeinen inhaltlich verblüffend gleichen, gibt es doch geringfügige Unterschiede zwischen den Nahtod-Erfahrungen Erwachsener und denen von Kindern und Jugendlichen. Diese minimalen, aber bemerkenswerten Unterschiede wurden in den Texten berücksichtigt.*

IV Eigenschaften und Wirkungsweise

Die Notwendigkeit eines Totenbuches

Ein Totenbuch ist als Wegweiser zu sehen, für die letzte und unvermeidliche Reise des Menschen in eine andere Welt. Es ist der direkte Ausdruck grundlegender Einstellungen und Werthaltungen der Kultur, aus der es hervorgegangen ist.

Das Totenbuch einer Gesellschaft gibt uns Auskunft über die Weltentwürfe, welchen – zumeist von einzelnen propagiert – sich viele in ihrer Lebensgestaltung verpflichtet fühlen, um sich aus bloßer überlebensstrategisch nützlicher Zusammengehörigkeit zu verbindlicher Gemeinschaft zu erheben.

Im Totenbuch werden Fragen beantwortbar, mit denen Menschen dorthin reichen, woher sie gekommen sind, um in den Antworten ihre jeweilige Lebenswelt als Teil eines Ganzen wiederzuerkennen, worin sie noch wirkliche Heimat zu spüren vermögen.

Das Totenbuch als kühnster – weil umfassendster – Erklärungsversuch menschlicher Existenz erkennt in der Person die individuelle Pforte, durch welche mit sich selbst spielender Geist in menschlich selbstverlorenem Kleid eine Welt betritt, deren Rätsel ihn allerorten mit Lösungsversprechen (für die aus immer neuem Leid aufsteigenden Verzweiflungsfragen) reizen.

Die Person versetzt sich »geistig« selbst in die Lage, der Banalität allen Faktischen zu widersprechen, und in je einzigartigem Lebens – und Weltentwurf ihre ursprüngliche Mission wieder aufzunehmen und schließlich zu einem Ende zu führen, das ihre Rückkehr ins Ewige markiert. Jede noch so triste »Wirklichkeit« kommt auf diese Weise zu Sinn, an dem Heilung zum Leben geschehen kann.

Nur im Unternehmen des Totenbuches, welches das Schicksal des Menschen als jene besondere Passion des Selbstverlustes in scheinbar zusammenhangslosen (und damit sinnlosen) leidstiftenden Lebensepisoden begreift, darf der Versuch gewagt werden, nach der Instanz zu greifen, deren Ahnung den Menschen noch bis in sein tiefstes Leid als stete Ermahnung seines »Auftrages« begleitet.

Totenbücher sind somit unabhängig von ihrer äußeren Form – als mündliche Überlieferungen wie als kanonisierte Texte – immer im Kontext soziokultureller Bedingungen als Ausdruck einer evolutionären Standortbestimmung zu sehen. Sie reflektieren den jeweiligen Stand menschlicher Bewußtseinsentwicklung ebenso, wie die daraus hervorgegangenen Einsichten in die belebte und unbelebte Natur und deren Niederschlag in Religion, Kunst und Wissenschaft.

Diese drei großen Abenteuer der Menschheit zur Gewinnung letzter Erkenntnisse – Religion, Kunst und Wissenschaft – waren seit ihrer Entstehung in der ersten Selbstbefragung eines Tieres, das an diesem ersten Fragezeichen seinen (bis dahin) festen Platz im Paradies prämoralischer Nahrungsketten für immer verloren hat, noch bis vor kurzem (entwicklungsgeschichtlich gesehen), wenn nicht identisch, so zumindest untrennbar miteinander verbunden.

Als aber die Entwicklung seines Bewußtseins den Menschen mit voranschreitender Evolution vom »uroborischen« Einheitserleben mit der umgebenden Natur über ein kollektives Herden- bzw. Gruppenbewußtsein zum rational selbstreflexiven Ich führte, erwarb er sich »auf diesem Gang« auch einen Verstand, der die unterschiedlichen Phänomene seiner Welt zu trennen und zu kategorisieren vermochte.

Mit dem Verlust seines ursprünglich prärationalen Selbsterlebens als Teil einer übergeordneten (nach evolutionären Anforderungen gestalteten) Ganzheit verlor er mehr und mehr den Zugang zu kultisch universellen Weltentwürfen.

Die ursprüngliche Einheit von Religion – als Projektion innerer Gewißheiten (unterschiedlichster emotionaler Qualitäten) auf übergeordnete (intuitiv geschaffene) Regionen –, Wissenschaft – als systematische Anwendung der aus diesen Regionen abgeleiteten Prinzipien auf alles Wahrnehmbare – und Kunst – als trotzig vermittelndes Spiel dazwischen – zerfiel zugunsten einer separaten Fortsetzung dieser drei mittlerweile in »sinnlose« Konkurrenz zueinander geratenen Disziplinen.

So haben wir längst den Zugang zum Verständnis jener alten Überlieferungen verloren, die – als Totenbücher früherer Kulturen dieser Einheit verpflichtet – lediglich faszinierende Zeugen mystischer Welterklärungen anderer Epochen geblieben sind. Diese Texte, die sich, gerade im ausgehenden 20. Jahrhundert, zunehmender Beliebtheit erfreuen und mittlerweile als tibetanische, ägyptische, toltekische ... Totenbücher den populären Buchmarkt überschwemmen, haben zwar unleugbaren kultur- bzw. geistesgeschichtlichen Wert, und ihrem Studium wird noch so manche Erkenntnis zu verdanken sein.* Für die aktuellen Bedürfnisse des abendländischen Menschen aber sind sie nur von geringer Bedeutung.

Der Versuch einer Wiederbelebung alter Traditionen** ist am individuellen Bewußtsein – als Ausdruck der gegenseitigen Bedingtheit von Mensch und Welt – zum Scheitern verurteilt. Als würde man versuchen sich in

**Erkenntnisse, welche im Vergleich mit zeitgenössischem Erkenntnisstand unsere Betrachtungsweisen »primitiverer« Kulturen erheblich korrigieren dürften.*

***Ein Versuch, der im Zuge einer falsch verstandenen New Age Bewegung durchaus unternommen wird.*

einer Stadt, in der man sich verlaufen hat, mit einem tausend Jahre alten Stadtplan zurechtzufinden, führt die Orientierung an den alten Überlieferungen entweder in die Verleugnung heutiger Lebensbedingungen oder – was weitaus folgenschwerer ist – in die Verleugnung des eigenen Bewußtseins. Damit sei nichts gegen »alte Stadtpläne« gesagt, die zu ihrer Zeit und unter den damaligen Bedingungen als Höchstleistungen menschlichen Geistes zu gelten hatten, und so betrachtet auch uns sowie kommenden Generationen als Lehre bzw. als Ermutigung für eigene Bemühungen dienen müssen.

Endet die konsequente Verweigerung, die aktuelle Weltlage als unvermeidlichen Ausgangspunkt aller Unternehmungen so zu akzeptieren, wie sie vorgefunden wird, für den »Weltentsager« schlimmstenfalls in eigenbrötlerisch weltfremdem (oft unfreiwillig komisch anmutendem) Einzel – oder Sektendasein, bedeutet der Kampf gegen das eigene Bewußtsein – als Hindernis auf dem Weg zu längst überwundenem Selbstverständnis – nicht selten den Eintritt in die Welt psychiatrisch diagnostizierbarer Verhaltens- und Erlebensauffälligkeiten.

Welt und Bewußtsein erschaffen sich gegenseitig. Die Art und Weise, in der Menschen ihre Wahrnehmungen strukturierend deuten, um so zu einem einheitlichen Weltbild zu finden, ist wiederum von jeweils vorangegangenen Weltbildern abhängig.

Die Evolution des menschlichen Bewußtseins und die Evolution der Welt sind ein und derselbe Prozeß, nur von unterschiedlichen Standpunkten aus betrachtet.

Soll es also die Aufgabe eines Totenbuches sein, den Angehörigen einer Gesellschaft – zu einer bestimmten (evolutionären) Epoche – dabei behilflich zu sein, übergeordnete Zusammenhänge ihres Lebens und Sterbens zu verstehen, so daß sie ihren soziokulturellen Bedingungen nicht mehr »auf Gedeih und Verderb« ausgeliefert sind, darf dies nicht mit der Verleugnung eben der

Umstände beginnen, die es zu überwinden trachtet. Vielmehr ist es die Grundvoraussetzung jedes Totenbuches, sich zuallererst auf die aktuellen Wirklichkeiten derer zu beziehen, an die es sich richtet.*

Ein Totenbuch hat sich zur Erreichung seines Zieles der gleichen Mittel des Erkenntnisgewinnes zu bedienen, wie sie von den »führenden Ideologen« einer Ära angewandt werden, um ein allgemein verbindliches Weltbild zu formulieren, das sie ihren »Schutzbefohlenen« als normierte Denk- und Betrachtungsweise in gemeinsamer Sprache zur Verfügung stellen.

Waren einstmals die ideologischen Vorsteher kultisch prärationaler Kleingesellschaften – als Gottkönige und Priester – Vertreter einer Universalreligion, sind es mittlerweile längst die kühlen Repräsentanten der Natur- und Geisteswissenschaften, die sich ausschließlich zum Diktat eines globalen Weltent-wurfes berufen wähnen. Die Ergebnisse ihres Forschens und Lehrens sind zum Ausgangspunkt eines Totenbuches zu bestimmen, das den Menschen unseres postmodernen Zeitalters dort erreichen soll, wo er lebt (und stirbt) und nicht dort, wohin ihn angeborene Nostalgie allzu gerne und vergeblich zurücksenden will.

Mit anderen Worten:

Fragen nach dem ersten Woher und dem letzten Wohin beschäftigen Menschen, seit sie mit der Entwicklung ihres Bewußtseins leidensfähig geworden sind. Seit der erste Mensch – dem seiner Herde verhafteten Tier noch näher als dem Kulturwesen späterer Generationen – schmerzlich erfahren mußte, daß alles Besitzbare zugleich auch zwingend verlierbar ist, streifte sein Blick immer wieder das absolut fremde und unbekannte Land,

Wobei diese Bezugnahme mehr als nur auf einen abgehobenen Verweis hindeutet. Sie weist vielmehr auf die Notwendigkeit hin hinter diese Wirklichkeiten zu blicken.

das ihn unheimlich lockend an die Quelle aller seiner Ängste führte.

Als der Mensch aus dem Paradies erkenntnisloser Tiernatur heraustrat, in das Licht der nun in Besitz zu nehmenden Welt, hatte er tatsächlich vom Baum der Erkenntnis gegessen und erkannte als erstes den eigenen Tod, der ihm fortan als treuester Begleiter nicht mehr von der Seite wich. So blieb das zwangsweise Erkennen des Todes unvermeidliches Erbteil jenes aussichtslosen Versuches, der Welt Bleibendes abzuringen, den man seither Leben nennt.

Der immer gleiche Schauder, der einen im Augenblick jeder Freude als sicheres Wissen um ihren bevorstehenden Verlust mit leiser Beklommenheit befällt, ist schon der Same des großen Todes, der – einst das letzte Pfand einlösend – offenbar macht, daß man sich nicht einmal bleibend selbst besaß.

Die Frage nach dem »Zweck« eines Lebens, dessen Wesen darin besteht, die ihm unfreiwillig ausgelieferten Menschen mit den süßesten Versprechen an den immer gleichen Abgrund zu locken, in den zu stürzen auf Dauer ebenso unvermeidlich ist, wie es überlebensnotwendig scheint, sich darüber hinwegzutäuschen, wurde und wird zu jeder Zeit zum Motor allen menschlichen Mühens nach Selbstbestand. Eines Mühens, dessen Vergeblichkeit die Gesellschaften aller Kulturen in der eigenen Geschichte versinken ließ, um als fiktives Ziel der Evolution menschlichen Bewußtseins dieses in immer gründlichere Verdrängungsstrategien weiterzutreiben.

Der Mensch, der in all seinem Fühlen und Tun an seiner Vorläufigkeit stets aufs Neue zu leiden beginnt, den die Frage nach einem letzten Sinn im Angesicht universeller Beliebigkeit Kulte und Religionen stiften und wieder verwerfen ließ, ist mittlerweile im Abendland einer von Götzen und Göttern gereinigten Welt angelangt. Die alten Götter hatten und haben mißmutig das Feld zu räumen, da sie dem Leid ihrer Herren genauso ohnmächtig gegenüberstanden, wie diese selbst. Es sind längst nicht mehr göttlich unverständliche Erklärungsversprechen, welche Gläubige auf später vertröstend diese zu brüderlichem Gleichmut und heiligen Kriegen rufen können (bzw. können sollten), sondern die Axiome des inzwischen »rationalisierten« Geistes, die nach den Prinzipien der Kausalität Skeptikern ihre Ableitungen empirisch zu beweisen suchen.

Wissenschaft trat an die Stelle der Religion und erlebt nun ihrerseits die Niederlagen der Vorgängerin beim Versuch, die Hoffnungen ihrer »Gemeinde« nicht erneut enttäuschen zu müssen. Wieder einmal sehen sich die Menschen einer Epoche in ihren berechtigten Fragen nach der wahren Bedeutung ihrer Leiden von eloquenten Hoffnungsträgern auf sich selbst verwiesen und stehen einmal mehr mit leeren Händen vor ihrer sie aus allen Mündern angähnenden Endlichkeit.

Doch die Fragen nach der Bedeutung des menschlichen Abenteuers wären beantwortbar und waren es schon immer. Die Totenbücher aller Zeiten (bis auf die heutige) haben sich unter Berufung auf alles jeweils vorhandene Wissen seit jeher darauf verstanden, die Kurzlebigkeit dieses Wissens zu entlarven und zu übersteigen.

Die Notwendigkeit eines Totenbuches besteht also darin, die Versprechungen anderer einlösend, eine Welt in größtmöglichem Zusammenhang verstehbar werden zu lassen und damit den Menschen die letzten Ursachen (den Sinn) ihrer Existenz persönlich wieder zugänglich zu machen.

Die Grundlage dafür war und blieb die ganz besondere Erfahrung ganz besonderer Menschen.

Die Nahtod-Erfahrung

Die abendländischen Religionen und ihre Kirchen sind so tot wie die Menschen, die sie erfanden. Die Erfahrung aber, die sie zu ihren Werken inspirierte, lebt noch wie eh und je – wenn auch in zeitgemäßerem Kleid. Anstatt mit fundamentalistischer Verbissenheit in den alten Kadavern nach den übelriechenden Resten verwesenden Lebens zu wühlen, wäre es an der Zeit, die aktuellen Formulierungen der alten Fragen endlich ernst zu nehmen und sich dort nach Antworten umzusehen, woher uns diese berechtigten Appelle erreichen. Nicht in den muffigen Hallen vergangener Größe, die letztlich doch nur Schein und Ablenkung geblieben ist, sondern im Augenblick des Leidens, dort wo Menschen heute um ihr Leben kämpfen, ohne zuvor von einem Auftraggeber mit tragfähigem Warum und Wofür ausgestattet worden zu sein, ist die Wahrscheinlichkeit am größten, auf relevante Anhaltspunkte zu stoßen.

Wer die Frage nach dem Sinn des Lebens stellt, darf den Tod nicht scheuen. Das wußten schon die alten Ägypter, wenn sie sich zur Erlangung letzten Erkennens freiwillig in die Nähe des Todes begaben, um als Eingeweihte zurückzukehren, die fortan das Leben nicht mehr zu fürchten hatten. Und als ein junger Amenophis IV als Echnaton, von dieser Erfahrung über die Maßen beglückt, ihr alle Bereiche soziopolitischer Legislatur unterordnete, indem er sie zur Staatsreligion erhob, war er weder der erste noch der letzte derer, die verstanden hatten, daß Menschen erst in persönlicher Sinnerfahrung imstande sind, den ihnen angestammten Platz an der Spitze der Schöpfung einzunehmen. Ohne den Sinn ihres Daseins zu erfassen, bleiben sie verängstigte Kinder unbarmherziger Wirklichkeiten mit seltsam plagenden Ahnungen und grausam unberechtigtem Hoffen – damals wie heute.

Nichts anderes unternahmen die Schamanen noch früherer Zeitalter, wenn sie – von bewußten Jenseitsreisen zurückgekehrt – staunenden Anhängern das Wesen des Irdischen aufzeigten.

Tibetische Mönche, die allen Einladungen am ausgelassenen Treiben moderner Traditionsverleugnung teilzunehmen, mit nobler Bescheidenheit abwinken, pflegen noch heute die gleichen Praktiken jenseitiger Wissensbeschaffung, die sie als Meister dieser Kunst dazu befähigen, die Lebenden zu unterweisen und die Sterbenden bis zum 49. Tag nach dem natürlichen Tod weit in jene Fremde zu begleiten, aus der sie einst selbstvergessen ins Leben fanden.

Selbst in der christlichen Tradition des Abendlandes stößt man immer wieder auf Spuren solchen Wissens, oft genug dem Schoß der katholischen Kirche entsprungen und von dieser nie gerne gesehen, höchstens geduldet und nicht selten brutal verfolgt wurde. Der »katholische« Umgang mit Mystikern bzw. mystischen Strömungen ist bis heute ein ungeschickter geblieben und reflektiert viel eher das Kalkül einer um ihre realpolitischen Machtansprüche besorgten faschistoiden Großorganisation als den Ausdruck spiritueller Kompetenz. Entsprechende Beispiele sind Legion.

Einen interessanten und noch immer rätselhaften Beleg hierfür liefert die Verfolgung der Katharer um die Mitte des dreizehnten Jahrhunderts in Frankreich durch eine höchst materialistisch orientierte Allianz zwischen der Monarchie der Kapetinger und der einem einzigartigen Höhepunkt skrupelloser Eigennützigkeit zustrebenden katholischen Kirche. Die auch »gute Menschen« genannten Katharer wußten zu dieser Zeit bereits um die Bedeutung des Todes für das Leben (zur Erlangung höherer Bewußtheit) und hatten Techniken entwickelt, die – fernöstlichen Yogatraditionen vergleichbar – auf die Überwindung körperlicher Schranken abzielten. Selten hat eine Überlieferung zu mehr Irrtümern und böswilligeren Fehlinterpretationen geführt, als dieser unter der Bezeichnung *endura* bekannt gewordene »symbolisch rituelle Selbstmord« der katharisch albigensischen Ketzer.

In Anlehnung an Jesus, dreitägige Jenseitsreise räumte die christliche Mystik dem Tod als Lehrmeister des Lebens überhaupt hohe initiatorische Bedeutung ein, wie aus den Lehren Meister Eckehardts und vieler anderer klar hervorgeht. Abraham a Santa Clara´s berühmter Ausspruch »wer stirbt, bevor er stirbt, stirbt nicht mehr, wenn er stirbt« ist vor dem Hintergrund dieser Tradition zu verstehen.

Der Tod war der Lehrer des Lebens, das er schützend umfing, als noch keine Bewußtseinsinhalte »wichtig« genug waren, um – allein mit der Möglichkeit ihres Verlustes – Menschen zu ängstigen. Der Mensch, dessen Fähigkeit, andere/s wertvoll zu nennen, ihm zu fürchterlicher Bedrohung geriet, ist wohl das tragischste Geschöpf aller denkmöglichen Universen. Unbeholfen taumelt er durch ein Leben, das er aus folgenschwerer Verwechslung von Sein mit Haben kaum mehr zu leben wagt. Aus Angst, »seine Habe« zu verlieren, verschließt er sich zusehends dem eigenen Dasein, in dessen vielfältigen Angeboten er bloße Gefährdung zu erkennen glaubt.

Im Tod aber lüften sich die Schleier des Selbstbetruges, und wer absichtlich oder unabsichtlich an seine Schwelle tritt, kann einen Blick auf Dinge erhaschen, die ihn sein Leben mit völlig anderen Augen betrachten lassen und ist im Falle seiner Rückkehr zumeist ein anderer geworden, dem sein Wissen in den Dienst der Mitmenschen zu stellen selbstverständlich bleibt. Das Erstaunen über die Irrtümer und deren Folgen ist dann gewöhnlich ebenso groß wie die Verwunderung über die Schlichtheit ihrer Behebung.

Doch »vergangene Tode und Jenseitsreisen« sollen uns

lediglich dazu ermutigen, nach den aktuellen Erscheinungsformen dieses an sich zeitlosen Phänomens zu suchen. Die Beschäftigung mit den Kulturen der Vergangenheit kann uns diese Suche niemals ersparen – nicht einmal wirklich erleichtern.

Wenden wir uns also wieder den Umständen zu, die heute das Auftreten der gesuchten »Wiederkehrer« begünstigen, und wir stoßen weder auf die geheimen Stätten kultischer Zeremonien noch auf die Pamphlete weltabgewandter Mystiker, sondern auf die Opfer einer hoch technisierten Zivilisation und ihrer Medizin.

Dic moderne Notfallmedizin ermöglicht mehr Betroffenen diese Rückkehr, als sämtliche Einweihungsrituale aller vergangenen Zeitalter zusammengenommen. Nicht ohne Ironie ließe sich sagen, daß die Weisheit auf der Straße liegt. Das wäre gar nicht so falsch, bedenkt man, daß uns der Straßenverkehr westlicher Industriestaaten mit einer Vielzahl »potentieller Lehrer« versorgt, indem täglich, ja stündlich, Verunfallte unter raschem Einsatz medizinischer Hochtechnologie vom Rande des Todes zurückgeholt werden.

Eine im Jahre 1982 in den Vereinigten Staaten von George Gallup durchgeführte Studie ergab eine Zahl von acht Millionen Amerikanern, die nach lebensbedrohlichen »Grenzgängen« über Erlebnisse verfügen, die unter der Bezeichnung Nahtod-Erfahrungen inzwischen längst zum Gegenstand seriöser wissenschaftlicher Forschungen geworden sind.

Waren die Anfänge der Nahtod-Forschung im wesentlichen von mehr oder weniger ernstzunehmenden Versuchen gekennzeichnet, Nahtod-Erfahrungen als Abkürzungen zu schnellen Antworten auf meist spiritistische Fragestellungen zu mißbrauchen, beschreitet die interdisziplinäre Nahtod-Forschung seit den frühen achtziger Jahren andere – empirischere – Wege. Längst geht es nicht mehr darum, »dem Jenseits seine Geheimnisse zu entreißen«, um den Tod entmystifizierend zu verharmlosen. Dennoch mußte man inzwischen einsehen, daß es auch keine wissenschaftlich umfassende Erklärung der Nahtod-Erfahrung auf neurophysiologisch psychologischer Basis geben kann. Hypothesen, welche Nahtod-Erfahrungen als Epiphänomene der sich in einem sterbenden Gehirn abspielenden elektrochemischen Prozesse zu verstehen suchen, scheitern regelmäßig an den beeindruckenden Übereinstimmungen solcher Erfahrungen untereinander und an deren sehr realen Folgen.*

So beriefen sich Menschen, wenn sie nach derartigen Erlebnissen wieder zum normalen Wachbewußtsein »zurückgerufen« wurden, auf Informationen, die sie nachweislich nicht auf »natürliche« Weise erlangt haben können (da hierfür oft ein ganz beträchtlicher Wechsel des Standortes erforderlich gewesen wäre, der dem mit dem Tode ringenden physischen Körper keinesfalls möglich war). Wenn ein Patient nach einem schweren – beinahe tödlichen – Zwischenfall während einer Operation sich plötzlich an Wahrnehmungen in einem ganz anderen Teil des Krankenhauses erinnert, die eine eben von dort zurückgekehrte OP.-Schwester staunend bestätigt, handelt es sich nicht um eine seltene Ausnahme, sondern vielmehr um ein relativ unspektakuläres Beispiel für durchaus häufige Vorkommnisse.

Die Vielzahl solcher und ähnlicher Erscheinungen darf keinesfalls zu Geringschätzung oder gar Entwertung naturwissenschaftlicher Forschungsansätze führen. Neurophysiologisch orientierte Projekte lieferten und liefern tiefe Einsichten in mögliche organische Entsprechungen (nicht Erklärungen!) bestimmter Elemente der Nahtod-

**»Organische« Erklärungsansätze sind eher Ausdruck reduktionistischer Verdrängungsmechanismen, eines sich gegen den anstehenden Paradigmenwechsel verteidigenden Wissenschaftsverständnisses, als Konsequenzen logischen Denkens.*

Erfahrung. So kann die Reizung einer als Sylvische Furche bekannten Struktur des rechten Temporallappens Teile eines solchen Erlebens der Todesnähe auslösen. Die weitere Erforschung der neuralen Bedingungen des Geschehens an der Grenze zwischen Leben und Tod läßt für die Zukunft noch aufregendere Einsichten in das Zusammenwirken von Geist und Materie erwarten.*

In letzter Zeit sind besonders die Folgen von Nahtod-Erfahrungen auf die Entwicklung der Persönlichkeit zum Gegenstand systematischer Untersuchungen geworden. Mediziner und Psychologen sprechen von dauerhaften

**In den letzten Jahren haben gerade auch naturwissenschaftliche Diskussionbeiträge immer wieder für einiges Aufsehen unter der »Gemeinde der Nahtod-Forscher« gesorgt. Wer zeitgenössische Astrophysiker über Hyperraumtheorien, kosmische Strings und dunkle Materie sprechen hört, dem fällt es schwer, nicht daran zu glauben daß diese Wissenschaftler schon in Kürze über naturwissenschaftliche Pforten in die Domäne der Nahtod-Erfahrung vorstoßen werden.*

Erwartungsgemäß wurden schon Versuche unternommen, das Rätsel der menschlichen Seele unter Zuhilfenahme dunkler Materie »empirisch« zu lüften (Kazanis, The Physical Basis of Subtle Bodies and Near-Death Experiences. The Journal of Near-Daeth Studies, 14, 101-106). Ob es sich bei derartigen, fachübergreifenden Ansätzen allerdings um tatsächliche Annäherungen der Materie an den Geist oder nur um zufällige Gleichklänge des ohnehin nicht mehr in Sprache faßbaren handelt ist eine andere Frage. Zu verlockend jedenfalls wirken die Übereinstimmungen, die wissenschaftliche Texte wie spirituelle Manifeste erscheinen lassen.

Gibt es am Ende wirklich die eine Wahrheit, die sich in Mythologie, Religion und Wissenschaft lediglich in neuen Kleidern wiederholt. Urschlange Ourobouros oder kosmische Strings – intuitiv scheint der Mensch dieselbe Wahrheit zu erfassen: Weil er mit seinem Geist in andere Dimensionen reicht, produzierte er beim Versuch intuitive Gewißheiten in »irdisches Wissen« zu übersetzen (entsprechend dem jeweiligen Stand der Bewußtseinsevolution als seinem soziokulturellen Kontext) die Mythen der Ahnen genauso, wie er die komplexen wissenschaftlichen Theoreme der Gegenwart schafft. Entsteht so nicht ein Bild des Menschen als eines weit über sein dreidimensionales Psychophysikum hinausreichenden Wesens, redlich darum bemüht sich als den Zeit-, Raum- und Dimensionsreisenden zu erfassen, der er seit jeher gewesen ist?

Veränderungen in entscheidenden Merkmalen von Lebenseinstellungen, Werthaltungen und Sozialverhalten Betroffener. Damit rückt einmal mehr ein Phänomen in den Mittelpunkt öffentlicher Aufmerksamkeit, welches die Geschichte der Menschheit zu allen Zeiten wohl stärker beeinflußt hat als alle anderen Geschenke menschlicher Erlebensfähigkeit (die ihre Adressaten nicht von außerhalb ihrer natürlichen Gegebenheiten erreichten).

Mit der Fokussierung auf die persönlichkeitsverändernden Aspekte von Nahtod-Erfahrungen hat sich die wissenschaftliche Fragerichtung grundlegend verändert. Es geht nicht mehr so sehr darum, was Nahtod-Erfahrungen nun letztendlich sind, sondern vielmehr darum, was sie bei Menschen, die damit auf verschiedene Weise konfrontiert sind, bewirken können. Und Wirkung zeigen sie. Sowohl auf diejenigen, die sie erfahren, als auch auf solche, die sich – selbst nicht betroffen – ausschließlich damit beschäftigen. Eine Wirkung, die alles zu erwartende nicht nur erheblich übersteigt, sondern bisweilen sogar »über den Haufen wirft«. Das heilsame Potential von Nahtod-Erfahrungen liegt weit jenseits aller psychotherapeutischen Erfolge, die sich im Vergleich dazu wie die unbeholfenen Flugversuche altertümlicher Fluggeräte vor modernen Düsenjets ausnehmen. Dies wird angesichts des breiten Spektrums »bleibender Nachwirkungen« offenbar, die sich als Folge derartiger Ausflüge ins eigentlich Unbeschreibbare einzustellen pflegen, wie mittlerweile von einer Vielzahl von sorgfältigen Untersuchungen wiederholt belegt wurde. Am augenscheinlichsten sind folgende in einschlägiger Literatur immer wieder genannten Veränderungen, die bei Betroffenen unmittelbar nach einem entsprechenden Erlebnis auftreten, sich in den darauffolgenden ca. fünf Jahren kontinuierlich verstärken, um dann für das weitere Leben unverändert anzuhalten:

Veränderungen der Persönlichkeit und persönlicher Werte

Der fundamentalste Wandel betrifft die Persönlichkeit der Betroffenen, unabhängig davon, wie pathologisch oder normal die Persönlichkeitsentwicklung bis zum Erleben der Todesnähe vonstatten ging. Ob man als reife Persönlichkeit sein Leben autonom zu gestalten verstand oder als ein vom wechselhaften Belieben anderer Abhängiger an der Fragwürdigkeit seiner Existenz verzweifelte, den wohlbehüteten Sproß aus bestem Hause erwartet hier die gleiche Dynamik wie das am Leben gescheiterte Opfer frühkindlicher Defizite und Traumata. Alles Bisherige verliert sich in der Einzigartigkeit dieses Abenteuers zu absoluter Bedeutungslosigkeit. Die »fertige wie die unfertige« Persönlichkeit transzendiert sich an der Fülle gebotener Einsichten auf eine Ebene völliger Neuorientierung.

Als wäre eine höhere Stufe der Evolution menschlichen Bewußtseins in der Leichtigkeit dieses ewigen Augenblicks mit sicherem Schritt erreichbar, taucht ein zu kostbarem Selbstverständnis geläuterter Mensch aus wunderbaren Sphären zu den besorgt Zurückgebliebenen herab. Und während er nun die Belanglosigkeit seiner »alten« Werte erheitert durchschaut, fühlt er sich neuen Grundsätzen verpflichtet, welche zumeist tiefen Respekt vor der Einzigartigkeit alles Lebendigen reflektieren, indem moralfreie (transmoralische) Toleranz zur wichtigsten Maxime wird. Ohne um anderes als um die Achtung persönlicher Freiheit bemüht zu sein, betrachtet er fortan die verschiedenen Lebensäußerungen unterschiedlicher Charaktere als wesentliche Aspekte einer sich unablässig enthüllenden Vielfalt.

Veränderungen der Einstellungen zu Leben, Leid und Tod

Auch in wichtigen Lebenseinstellungen finden die oben angedeuteten Folgen auf Persönlichkeitsentwicklung und Wertehierarchie einen erwähnenswerten Niederschlag. Das Leben, gerade noch unsicherer, stets von mannigfaltigen Leiden bedrohter Austragungsort eines ungleichen Kampfes, der – auf Dauer aussichtslos – immer im sprachlosen Grauen eines unbekannten Todes endet, zeigt mit einem Mal ein milderes Gesicht. Leid wird als irrtümliche Verwechslung des Vorläufigen mit dem Endgültigen durchschaubar und verliert vor den lebendigen Verheißungen eines freundlichen Todes all seine Schrekken. Im Leben erspürt man wieder die jeweils persönliche Aufgabe, deren beherzte Bewältigung die wahre Natur des Menschen zu Tage fördert, um ihn als Teil eines Ganzen in jenen übergeordneten Sinnzusammenhang einzugliedern, dessen Verlust bzw. Vergessen ihm einst zum Ausgangspunkt schmerzlicher Verirrungen wurde.

Die Einbuße jeder Todesangst ist der einzige – und wohl am wenigsten zu beklagende – Verlust, den man üblicherweise im Zuge eines derartigen Aufenthaltes in der Nähe des Todes erfährt. Wenn Leid Irrtum, Tod Täuschung und Leben Selbstfindung bedeutet, wird und bleibt Existenz grundsätzlich sinnvoll. Sinn leuchtet dann auch in bedrängender Notlage noch auf und erinnert an gute Gründe fortzufahren, wo »herkömmliche Erklärungsmodelle« bereits jede Gültigkeit verloren haben. Leben wird unabhängig von widrigen Eventualitäten bedingungslos bewältigbar, sogar – bzw. gerade – im Angesicht des Todes, dessen uneingeschränkte Präsenz nicht mehr als Bedrohung sondern als Ermutigung erlebt wird. Begreift man Sinnlosigkeit als den Stachel des Leides, beendet die Erkenntnis eines transzendenten Sinnes die Passion des Menschen und begründet Heilung.

Veränderungen der Wahrnehmung und des Verhaltens

Mit Persönlichkeits- und Einstellungsänderungen gehen bei Betroffenen in der Regel auch Wandlungen von Wahrnehmungsorganisation und beobachtbarem Verhalten einher, die Angehörige und Außenstehende nicht selten zutiefst verunsichern bzw. sogar an – durch eine Nahtod-Erfahrung ausgelöste – neurologische Folgeschäden denken lassen.

Allzusehr kann das »neue Betragen« eines vermeintlich gut bekannten Mitmenschen allen von ihm gewohnten Verhaltensäußerungen widersprechen, als daß man es auf »natürliche Weise« zu erklären vermöchte. Beziehungen gingen zu Bruch, weil sich »Zurückgeholte« nicht mehr den engen Normen symbiotischer Zweisamkeit verpflichtet fühlten, imposante Karrieren blieben abgebrochen, da das Engagement im unpersönlichen Konkurrenzkampf beruflicher Alltagsverarmung zugunsten altruistisch freimütiger Lebensgestaltung verweigert wurde.

Erleben und Verhalten solcher Menschen wurde aber gerade nicht von einer zerebralen Störung geschädigt, sondern von verbindlichen Einsichten in einen – der individuellen Existenz übergeordneten – Sinn grundlegend umgewandelt.

Die besinnungslose Teilnahme an den kurzsichtig materialistischen Versuchen einer Konsumgesellschaft, zu bleibendem Besitz zu gelangen, wird in diesem Blick hinter die Kulissen menschlicher Betriebsamkeit wehmütig als – in stets neue Leiden mündender – Ersatz einer unwiderruflichen Selbstbegründung aufgedeckt und durch eine »herzhaftere« Lebensführung ersetzt. Von der Vorläufigkeit aller Erscheinungen unbeschwert, wird die eigentliche Bestimmung, die im individuellen Schicksal eine zu erfüllende Aufgabe als Station einer zielsicheren

Reise erkennt, inmitten der Einzigartigkeiten einer bunten Gegenwart wieder lebbar.

Menschen, denen ihr Tod eine Rückkehr gewährte (bzw. auferlegte), berichten, die Welt seither mit anderen Augen zu sehen. Jeder bewußte Moment ihres Lebens bietet ihnen die Gelegenheit, sich an der Vielfalt des Lebendigen zu erfreuen und anderen dabei behilflich zu sein, wieder den Mut aufzubringen, – an schicksalhaften Unbilden vorbei – nach jeweils persönlicher Sinnverwirklichung zu verlangen. Viele entfalten im Anschluß an ihre Begegnung mit dem Tod soziale Aktivitäten als Ausdruck einer inneren Verbundenheit mit anderen »Weggenossen«, die – in kümmerliche Illusionen verstrickt – nicht um die befreiende Nähe dieses fundamentalen »Aha-Erlebnisses« wissen. Der Gang durchs Leben gleicht so mehr einem kurzweiligen Ausflug, der den Wanderer einst nach bestandenen Abenteuern an seinen sehnsuchtsvoll erwarteten Ausgangspunkt zurückführt, als dem Schlachtfeld eines unerbittlichen Selbstvernichtungskrieges glückloser Geschöpfe gegen die Zeit.

Weitere häufig zu beobachtende Folgeerscheinungen von Nahtod-Erfahrungen (bzw. der intensiven Auseinandersetzung mit entsprechenden Schilderungen) betreffen Haltungen gegenüber Religion und Spiritualität.

Mit einem entschlossenem Kirchenaustritt wird oft eine erste Konsequenz aus den gewonnenen Einsichten gezogen (dies gilt für alle organisierten Religionsgemeinschaften gleichermaßen). Betroffene sprechen von einem starken Drang hin zu echter (überkonfessioneller) Spiritualität, weg von der starren Dogmatik institutionalisierter Großreligionen, die aufgrund ihrer Leblosigkeit (= Gottlosigkeit?) abgelehnt werden. Offenheit gegenüber andersartigen Auslegungen desselben spirituellen Erlebens, das im Zentrum aller menschlichen Versuche, das Unfaßbare ins Alltägliche zu übersetzen, steht, ist dann so selbstverständlich wie die Achtung der personalen Autonomie jedes einzelnen. Die Wahrung mitmenschlicher Entscheidungsfreiheit vor dem Hintergrund eines – in der Nahtod-Erfahrung klar erkennbaren – gemeinsamen Zieles macht alle übereifrigen »pädagogischen« Eingriffe in fremde weltanschauliche Intimsphären überflüssig.

Das Geheimnis der Nahtod-Erfahrung und ihres heilsamen Potentials, liegt offensichtlich in den ihr anhaftenden Einsichten und deren Bedeutung für Richtung und Ziel der menschlichen Evolution. Welcher Art sind diese Einsichten und wie kommt es, daß sie mehr (und das direkter und schneller) bewirken als alle anderen Strategien konventionellen Erkenntnisgewinnes?

Wie wirkt die Nahtod-Erfahrung?

An dieser Frage trennen wir uns wieder vom gegenwärtig brisantesten Gegenstandsbereich der interdisziplinären Nahtod-Forschung (der Erfassung eines möglichst breiten Spektrums eventueller Nachwirkungen), um uns für die Suche nach den Gründen dieser Wirksamkeit eines Instrumentes aus dem Grenzgebiet zwischen Philosophie und Psychotherapie zu bedienen. Eines Instrumentes, das sich auf die Erforschung des menschlichen Erlebens und Verhaltens aus der Perspektive der – nur dem Menschen erreichbaren – geistigen Dimension spezialisiert hat. Die Rede ist von der »Personalen Existenzanalyse« (PEA), wie sie seit Viktor E. Frankls ursprunglichem Therapieentwurf der Logotherapie und Existenzanalyse von dessen Schülern weiterentwickelt, angewendet und gelehrt wird.

Viktor E. Frankl's Existenzanalyse

Existenzanalyse ist die an psychotherapeutischen Problemstellungen orientierte Auseinandersetzung mit der Art und Weise, wie Menschen durch die Verwirklichung von personalen Werten ihr Leben sinnvoll gestalten.

Die Existenzanalyse benennt drei Dimensionen menschlichen Werteerlebens:

Erlebniswerte

Werte, die im Erleben verwirklicht werden. In der Betrachtung der Welt, in genußvoller Hingabe angesichts der Schönheit von Natur und Kunst sowie immer dann, wenn Gebotenes vergnüglich zur Kenntnis genommen wird, ist schon das Erleben selbst wertvoll.

Schöpferische Werte

Werte, die durch ein Tun bzw. Handeln oder Schaffen verwirklicht werden. Das Erreichen eines angestrebten Zieles, die befriedigende Erledigung einer Arbeit, die Hilfestellung für einen bedürftigen Mitmenschen sind Beispiele für ein Werteempfinden, das sich einstellt, wenn es gelingt, relevante Vorhaben umzusetzen.

Einstellungswerte

Einstellungswerte stellen eine eigene Hauptgruppe von Werten dar, deren Verwirklichung sich darin zeigt, wie sich der Mensch zu einer Einschränkung seines Lebens einstellt. Ob Menschen, wenngleich gesundheitlich schwer angeschlagen, ja geradezu allen Widrigkeiten zum Trotz, zu einem erfüllten Leben finden oder anderen sogar unter Gefährdung des eigenen Lebens Verunglückten zur Hilfe eilen – erst die Verwirklichung von Einstellungswerten erlaubt den Zugriff auf Erlebens- und Tätigkeitswerte. In der – alleine dem Menschen verfügbaren – Möglichkeit der Stellungnahme zu jeder biographischen Einengung erschließt sich eine höhere Ebene menschlichen Werterlebens. In dieser »freien Wahl der Einstellung« zu seinem Schicksal über-

steigt der Mensch das eigene Psychophysikum (seine körperlichen und psychischen Einschränkungen) und erreicht die noetische Dimension des Geistes. Die Fähigkeit, zu jedem Sachverhalt wie auch immer Stellung beziehen zu können, bildet – als direktester Ausdruck der Freiheit des menschlichen Geistes – die zentrale These der existenzanalytischen Anthropologie.

Die Existenz des Menschen vollzieht sich in der Einzigartigkeit seiner Antworten auf die »Fragen seines Lebens«. So markieren nach existenzanalytischem Verständnis die »Unbilden« des Lebens, die von Frankl als tragische Trias: Schuld, Leid und Tod bezeichnet wurden, keineswegs die fatalistische Endstation aller Freiheitsphantasien, sondern stellen vielmehr eine Herausforderung dar, gerade in der Verwirklichung von Einstellungswerten Sinn zu bergen und Bleibendes zu schaffen. Werte, die einmal verwirklicht wurden, kann nichts und niemand mehr nachträglich entwerten und bleiben »für die Ewigkeit« Zeugen des menschlichen Sieges über das Schicksal.

Existenzanalyse verweist auf die existentielle Gemeinsamkeit aller Lebenssituationen: Die Herausforderung, einen je einzigartigen situativen Sinn aufzufinden und umzusetzen. Jede wie auch immer geartete Lebenslage spricht den Menschen persönlich an. Wird dieser Anspruch vernommen, leuchtet Sinn als konkrete Möglichkeit auf. Somit gründet das existenzanalytische Menschenbild auf einem Verständnis des Menschen als Werdenden (und nicht als Abgeschlossenen).

Erlittenes Schicksal »hat den Sinn«, gestaltet und, wenn nötig, auch getragen zu werden. Selbst in tiefstem Leid wächst der Mensch noch über sich hinaus, um in einem Prozeß der Reifung ungeachtet aller äußeren Abhängigkeiten seine innere – geistige – Freiheit zu erschaffen.

Die zeitliche Begrenztheit des Menschen durch den Tod wird von der Existenzanalyse als Wesensmerkmal des Lebens begriffen. Ein Wesensmerkmal, das die Sinnhaftigkeit des Lebens erst begründet: Indem es an die Verantwortung des Menschen hinsichtlich seiner Zeitlichkeit appelliert, bewirkt es die unwiderrufliche Einmaligkeit jeder menschlichen Handlung und damit ihren Wert.

(Nach V. E. Frankl und A. Längle)

Noch immer orientieren wir uns also in der Annäherung an die Wirkungsweise der Nahtod-Erfahrung an Methoden und Ergebnissen moderner Naturwissenschaften und philosophisch-psychotherapeutischer Anthropologie.

Die Sicht des Menschen, die Geistes- und Naturwissenschaften unseres Zeitalters in Betrachtungsweisen und Fragerichtungen auf den Menschen des ausgehenden 20. Jahrhunderts eröffnen, muß auch für ein Unterfangen verbindlich bleiben, das sich einer Erfahrung widmet, die es zwar in ihrer ganzen Bedeutsamkeit immer schon gegeben hat, die aber in unterschiedlichen Epochen – von widersprüchlichen Interpretationen in die jeweils gültigen Wirklichkeiten übersetzt – den Menschen in allerlei Verkleidungen nahegebracht wurde.

Aus existenzanalytischem Verständnis kommt es in der Folge einer Nahtod-Erfahrung zu einer völligen Neuorientierung eines persönlichen Wertesystems. Werte, denen man sich gerade noch ungefragt verpflichtet fühlte, werden »schlagartig« von neu aufleuchtenden Werten ersetzt. Dabei handelt es sich nicht nur um einen gegenseitigen Austausch an sich gleichrangiger Werte der selben ethischen Dimension, sondern um eine Ablöse unterschiedlicher Wertehierarchien.

Nun hat sich gezeigt, daß Nahtod-Erfahrungen in erster Linie auf der Ebene der Einstellungswerte – also an der Spitze der menschlichen Wertepyramide – Veränderungen hervorrufen. Einstellungsänderungen werden personal erfahrbar und wirken ihrerseits (organisierend) auf Tätigkeits- und Erlebniswertesystem zurück. Dies ist leicht zu verstehen, führt doch die Änderung einer Einstellung naturgemäß zu einer Veränderung der Wahrnehmungsausrichtung bzw. -auswertung. Schließlich sind es die Einstellungen des Menschen, die über die Sinne einwirkende – an und für sich wertfreie – Wahrnehmungssignale auf personale Bedeutungen hin aufschlüsseln, d.h. in einem Prozeß der Informationsverarbeitung wertend interpretieren.

Eng damit verbunden ist der Begriff des Sinnes. Wenn seine Wahrnehmungen dem Menschen die Welt entsprechend seinen Werten in Resonanz bringen, erlebt er sein Leben als sinnvoll. Sinnverlust – auch als Ursache unzähliger psychischer Probleme und Störungen – wäre somit die Diskrepanz zwischen inneren (personalen) Werten und äußeren (apersonalen) Einschränkungen. Werte sind in der Welt nicht mehr auffindbar und damit dem Menschen selbst nicht mehr erreichbar. Darauf bezieht sich Frankl, wenn er menschliches Sein als stets auf etwas ausgerichtet umschreibt, das nicht wieder es selbst ist.

Mit sich allein, erkrankt der Mensch demzufolge an einer grundsätzlichen Werteblindheit, die er – bei immer stärker werdendem Wertebedürfnis – authentisch in zunehmender Sinnlosigkeit spürt.

Indem die Nahtod-Erfahrung das Tor zu neuen Einstellungswerten öffnet, löst sie in allen personalen Wertedimensionen eine Kettenreaktion aus, welche die Ausrichtung des Menschen grundlegend verändert. In radikalem Selbstentwurf steht ein auf die Fragen seines Lebens erneut Antwortender vor den unvergleichbaren Herausforderungen seiner »einmaligen« Existenz. Der Mensch fühlt sich wieder vom Leben »gefragt« und kennt nun auch Antworten, die ihn von neuen Werten her erreichen.

Diese Kettenreaktion des Wertegefüges, mag das enorme therapeutische Potential der Nahtod-Erfahrung begründen, das (paradoxerweise) selbst bei schwierigsten Problemstellungen wie Selbstmordgefährdung (!) allen anderen verfügbaren Behandlungsformen weit überlegen ist.

Unzählige Fallbeispiele belegen diese Dynamik.

Karl, ein 68jähriger Pensionist, erzählt rückblickend: »Bis in mein 43. Lebensjahr war ich »das typische Exemplar« eines ausschließlich an Profit und Gewinnmaximierung orientierten Geschäftsmannes. Die Bedürfnisse meiner Familie befriedigte ich routiniert mit den mir im Überfluß zur Verfügung stehenden finanziellen Ressourcen. Über die materielle Sicherstellung des gewohnten Lebensstandards hinaus machte ich mir keine Vorstellungen von Möglichkeiten und Pflichten eines Familienvaters und Ehemannes. Mein Leben bewegte sich innerhalb wirtschaftlich quantifizierbarer Kategorien. Entsprechend rücksichtslos ging ich auch mit mir selbst um. In immer kürzeren Abschnitten immer längerer Arbeitszeiten verlangte ich mir immer mehr an physischer und psychischer Leistungsfähigkeit ab. Meine Ernährung wurde vom Verständnis des Körpers als zweckdienliche Hochleistungsmaschine diktiert. Ich »fütterte mich« ohne andere Absicht, als das weitere unkomplizierte Funktionieren dieser Körpermaschine zu gewährleisten.

Die Ärzte rieten, warnten und drohten schließlich, und ebenso regelmäßig schlug ich ihren Rat in den Wind, überzeugt davon, daß alle schrecklichen (und für mich uninteressanten) Plagen, die nur anderen Menschen widerfuhren, mich nicht betreffen konnten. Verdrängung war mein Lebensprinzip. Von heute aus betrachtet muß ich sagen, war es sowohl die Verdrängung der bedrohlichen Konsequenzen meines Verhaltens als auch der schönen und angenehmen Seiten des Lebens, die in keinem Zusammenhang mit erhöhter Produktivität und optimalem Gewinn standen. Nicht einmal, als ich bereits meine liebe Mühe damit hatte, häufiger auftretende (bis in depressive Einbrüche reichende) Sinnlosigkeitsgefühle mit Hilfe schwerer Medikamente unter Kontrolle zu halten, dachte ich ernsthaft an die Notwendigkeit – oder auch nur die Möglichkeit – einer Änderung meiner selbst.

Ich wäre mit dieser »funktionalen« Haltung einen sinnlosen Tod gestorben, wäre es mir nicht erlaubt gewesen zurückzukehren und einen zweiten Versuch zu haben. In meinem 43. Lebensjahr verhalf mir ein Narkosezwischenfall (während eines chirurgischen Routineeingriffes) zu einem mehrminütigen Herzstillstand und in der Folge zu einem Erlebnis, das mich und mein Leben von Grund auf veränderte. Während mein Herz stillstand, begab ich mich auf die wohl ungewöhnlichste Reise, die man sich nur vorstellen kann ...

Von allen Wahrnehmungen blieb der Aufenthalt in diesem »lebendigen Licht« die großartigste und faszinierendste Begebenheit. Außerhalb aller irdischen Zeit erfuhr ich jeden Augenblick meiner bisherigen Existenz noch einmal mit ins Unermeßliche gesteigerter Sensibilität wieder. Ich verstand meine Gefühle und Handlungen als direkten Ausdruck meiner bisheriger Lebenseinstellungen und konnte gleichzeitig die Reaktionen der Mitmenschen spüren (sogar jene, die sie für sich behalten hatten). Ich sah die zunehmende Verarmung meines Lebens und meiner selbst und auch die Gründe dafür. Ich sah schließlich auch alle Möglichkeiten, die sich mir geboten hätten, mein Leben mit eben der Freude zu erfüllen, die ich jetzt beim mitfühlenden Betrachten dieses Lebensfilmes so sehr vermißte.

Das wunderbarste daran war, daß aus dem Erkennen dieser Zusammenhänge keinerlei Anklage oder gar Verurteilung vorhanden war. Anstatt Mitleid oder Scham für die Armseligkeit des hinter mir liegenden Daseins zu empfinden, erheiterte mich der Irrtum, den ich im Zentrum meiner Fehlhaltungen entdeckte.

Das lebendige Licht zeigte mir mein wahres Selbst, das geliebt und angenommen – in unmittelbarster Verbindung zu allen anderen Wesen einer unendlich belebten Schöpfung stand, so daß alle Selbstzweifel wie Schuppen von mir abfielen. Ein Leben lang hatte ich vergeblich versucht, etwas zu finden, das immer schon mein eigen war: die klare Erinnerung als unentbehrlicher Teil eines phantastischen Ganzen – ausgestattet mit einer bestimmten, ausschließlich von mir zu erfüllenden Aufgabe – ins irdische Leben gesandt worden zu sein. Eine Aufgabe, nach deren Erfüllung ich wieder heimfinden werde in jene Dimension bedingungsloser Liebe und grenzenlosen Wissens.

Da meine Aufgabe aber noch nicht erfüllt war, kehrte ich in voller Übereinstimmung mit dem lebendigen Licht, das mich von da an nie mehr verlassen hat, auf diese Erde zurück. Doch ich kam als ein anderer wieder, nicht als der, der ich »gegangen« war.

Jeder Tag bietet mir seither eine Fülle von Gelegenheiten, meiner Familie und vielen, die ich bisher zu übersehen neigte, mit ungeteilter Aufmerksamkeit zur Verfügung zu stehen.

Ich ernähre mich bewußter, genieße die Natur und gestaltete sogar meinen beruflichen Alltag (und damit auch den meiner Mitarbeiter) entsprechend einem persönlichen Arbeitsklima freier und abwechslungsreicher. Daß dabei sowohl Kreativität als auch Produktivität nicht zu kurz kamen, sondern im Gegenteil ein unvermutet hohes Niveau erreichten, amüsierte mich um so mehr, als ich längst nicht mehr ausschließlich an materiellen Gewinnen interessiert war, die ich nun lediglich als gerechtfertigte Anerkennung für die Qualität meiner Arbeit zu schätzen lernte. Nie mehr hatte ich unter Depressionen oder Ängsten zu leiden. Noch heute, in meinem Ruhestand, ist jeder Tag reicher und erfüllter als die meisten Jahre vor meiner Begegnung mit dem Tod, dem ich seither mit erwartungsvoller Gelassenheit entgegensehe.«

An Karls Beispiel sieht man sehr deutlich, welch weitreichende Folgen ein Wandel der Einstellungswerte für Tätigkeits- und Erlebenswerte haben kann.

In der (zumeist unbewußten) »Selbstbestimmung« einer Einstellung legt sich der Mensch verbindlich fest, welcher Welt er handelnd gegenübertritt. Einstellung meint somit das Ergebnis der Wahl eines Weltbildes, anhand dessen ein Innen vergleichend an ein Außen gelegt wird. Doch scheint diese Wahl keine beliebige zu sein. Allzusehr ähneln sich die durch Nahtod-Erfahrungen ausgelösten Veränderungen.

Das besondere an Karls Geschichte ist, daß sie nichts besonderes ist. Eine Einstellungsänderung führt Karl (ebenso wie Millionen (!) anderer) zu völlig neuen Wahrnehmungen. Die Welt verwandelt sich von der lustlosen Bühne pathologisch abgeklärter Selbstinszenierungen zu einem einladenden Ort aufregender »Sinnangebote« inmitten bunt pulsierenden Lebens. Erleben und Handeln erfahren sich in Dimensionen jenseits aller Gewöhnlichkeit als Instrumente eines übergeordneten Willens. Auch bisher belanglose Lebensräume füllen sich mit Sinn und reflektieren so die Anwesenheit einer alles durchdringenden Freude am Dasein wie am »So-sein«.

Was ist nun aber das Wesen dieser Einstellungsänderungen und ihrer vielfachen Folgen? Karl spricht von der Erinnerung an sein wahres Wesen und meint damit die Übernahme einer Lebensaufgabe. In der Tat scheint die Lösung des Rätsels im »Erinnern« zu liegen.

Nahtod-Erfahrungen dauern in der Regel höchstens einige Minuten. In dieser kurzen Zeit dürfte es wohl kaum möglich sein, Menschen völlig neue Einsichten in bisher für sie oft ziemlich belanglose (siehe Karl) Zusammenhänge zu gewähren und gleichzeitig deren Richtigkeit derart überzeugend zu beweisen, daß es noch in keinem einzigen Fall zu nachträglichen Zweifeln an der Gültigkeit oder auch nur am Belang dieses authentischen Wissens gekommen ist.

Die Erinnerung an etwas schon einmal absolut sicher Gewußtes kann jedoch in der Kürze eines »kosmischen

Aha–Momentes« zu eben jenen erstaunlichen Konsequenzen führen, wie sie sich in der Folge von Nahtod-Erfahrungen mit nachgewiesener Regelmäßigkeit zu manifestieren pflegen.

Das Wesen der Nahtod-Erfahrung wäre somit das Wiederfinden einer vergessenen Wahrheit, nach der ein seltsam unbestimmtes Bedürfnis – als Ahnung einer verlorenen Heimat – immer spürbar blieb und als solches in Märchen, Legenden und Geschichten der Menschen seinen Niederschlag fand. Diese Erinnerung, die bereits von vielen als ursprünglichste und reinste Quelle ihrer Sehnsüchte »wiedererkannt« und benannt wurde, ist zugleich Ursache und Ziel allen Strebens. Allein von ihr zu trinken vermag vor jenem Abgrund zu bewahren, an dem entlang eine zeitlose Wahrheit »ihre Geschöpfe« – nach ihr zu suchen – immer noch aussendet, um jenes Spiel mit sich selbst zu eröffnen, dessen Gewinn – das Ende der Suche – mit dem Verlust der bequemeren Selbstvergessenheit zu bezahlen ist.

Nachdem es ihm »wie Schuppen von den Augen fiel«, entfaltet das in seiner besonderen Erfahrung wiedergewonnene Wissen seine ganze transformative Wirkung auf Karls Einstellungen zu sich selbst und zum Leben im allgemeinen. Neue Einstellungswerte zeitigen neue Erlebnis- und Tätigkeitswerte. Die Krönung dieser Veränderung aber sieht Karl in der Aufgabe, an deren Übernahme – noch vor seiner irdischen Geburt – er sich am Gipfel der Nahtod-Erfahrung ebenfalls wieder erinnert.

Um diese »nur von ihm zu erfüllende« Mission herum ordnen sich die Fragmente seines Lebens, das sich ihm gerade erst in der ganzen Armseligkeit trüber Episoden von verpaßten Gelegenheiten zeigte, plötzlich wie magnetisierte Eisenspäne entsprechend den Linien eines unsichtbaren Kraftfeldes zu nie vermuteter Harmonie.

Karl erkennt seine Bestimmung darin wieder, den ihm vorbehaltenen Beitrag zum Gelingen eines ewigen Planes zu leisten, der alles Lebendige weit jenseits lustloser Alltäglichkeit zu einer »geistigen Weggenossenschaft« verbindet. Die Einzigartigkeit dieses Planes als Formel der gesamten Schöpfung ist dabei in der Einzigartigkeit jedes einzelnen Beitrages (diese begründend) völlig enthalten, so daß an dieser Einsicht jeder Drang nach individueller Unsterblichkeit und damit jede Todesangst (als deren zwingendster Ausdruck) endet. Die Person findet sich als einmalige nicht austauschbare Gelegenheit inmitten unendlicher Möglichkeiten geborgen und in den Antworten auf die Fragen ihres Lebens verewigt.*

In einer Geschwindigkeit, von der Psychotherapeuten nicht einmal zu träumen wagen dürfen, korrigiert Karl an diesem »Wissen hinter dem Wissen« bisherige Fehlhaltungen und deren pathologische Wirkung, indem er sie schlichtweg als Folgen eines Irrtums demaskiert. Etwas, wofür jede seriöse Psychotherapie Jahre motivierter Arbeit benötigen würde, erledigt sich im Augenblick des Wiedererkennens einer evidenten Wahrheit von selbst.

Nicht die deutende Aufarbeitung des unvollständig Verdrängten befreit Karl von seinen Symptomen, sondern die Wiederbelebung eigener Erinnerungen läßt ihn – an jeder Symptomatik vorbei! – zu sinnerfüllter Selbstverwirklichung finden. Von seinen Ernährungsgewohnheiten bis in die Gestaltung seiner Rolle als Familienvater ist jedes Detail seines Lebens von den Veränderungen betroffen.

Denkt man an das therapeutisch heilsame Potential von Nahtod-Erfahrungen (welches an dieser Stelle ohnedies nur angedeutet werden konnte), mag es da nicht als Zynismus erscheinen, daß sich der Sinn des Lebens

**Dies wiederum ist in absoluter Übereinstimmung mit der existenzanalytischen Anthropologie, die den Menschen als von seinem Leben angefragt und auf diese Fragen – personale Werte verwirklichend – antwortend beschreibt.*

erst im Tode unmißverständlich erschließen soll? Doch vor einem übereilten Urteil sollte man sich die Frage stellen, inwieweit die Nahtod-Erfahrung tatsächlich an den physischen Tod gebunden ist, oder ob es sich dabei nicht eher um eine viel allgemeinere – wenn auch nur selten in solcher Eindeutigkeit auftretende – menschliche Erlebensfähigkeit handelt.

Ich-Tod und Selbstverlust: Die Hölle

Es gibt Menschen, die aus der Nähe des Todes zurückkehren, ohne von derart beglückenden Erfahrungen wie Karl berichten zu können. Einige behaupten sogar, die Hölle gesehen zu haben. Sie schildern Orte, an denen kaum noch menschlich zu nennende Wesen – in unvorstellbaren Qualen gefangen – ein Dasein niemals endender Leiden fristen. Bilder werden lebendig, wie sie noch heute als Fresken in finsteren Winkeln alter »Gotteshäuser« arme Sünder an das zu erwartende Nachspiel ihres unheiligen Tuns erinnern und zu mehr Frömmigkeit ängstigen sollen. Brueghels »Triumph des Todes« – ein im zweifachen Geiste der Renaissance und des nachklingenden Mittelalters geschaffenes Gemälde – erfaßt die Aussichtslosigkeit und tiefe Verzweiflung solcher Beschreibungen mit erschreckender Intensität. Inmitten der verwüsteten Landschaft einer brennenden Welt veranstalten Heere bewaffneter Skelette ein obszönes Gemetzel an Sterbenden und Toten jeden Standes und jeden Alters. Der Tod wird zum Tor in eine Dimension namenloser Schrecken und erbarmungsloser Folter.

Neben derart eindringlichen Darstellungen höllischer Gefilde kommt es in negativen Nahtod-Erfahrungen des öfteren zu Empfindungen beklemmender Trostlosigkeit. Unvermittelt erschließt sich das Wesen der Welt als große Illusion, welche die Menschen lediglich mit unwirklichen Trugbildern zum Narren hält, um sie desto brutaler in die eigene Bedeutungslosigkeit zu stoßen.

Schließlich gibt es auch Menschen, welchen selbst die normalerweise positiv besetzte Phasenabfolge der Nahtod-Erfahrung Angst macht, da sie keinesfalls sterben wollen und sich entsprechend dagegen zur Wehr setzen.

Ob es sich um einen »Besuch in der Hölle«, das Erleben der Sinnlosigkeit einer illusorischen Welt oder um bloße Angst vor den Abläufen in Todesnähe handelt, erwähnenswert bleibt die Tatsache, daß es auch in der Folge negativer Nahtod-Erfahrungen bei den Betroffenen nachweislich zu den selben markant positiven Persönlichkeitsveränderungen kommt.

Keine Sprache kann einen Eindruck des Entsetzens vermitteln, welches den – solch negativen Nahtod-Erfahrungen – Ausgelieferten begegnet, wenn das verzweifelte Aufbegehren gegen das drohende Ende des eigenen Ich in apokalyptischen Szenen zu unerträglichem Ausdruck findet. Nichts, das dieser unerbittlichsten aller – alleine den Menschen belauernden – Gefahren vergleichbar wäre, reichte auch nur annähernd an die Radikalität dieser Bedrohung heran. Das Ich als Wesen seiner Individualität und Identität ist die Summe all dessen, womit sich ein Mensch im Laufe seines Lebens identifizieren konnte und gleichzeitig sein kleinster gemeinsamer Nenner. Ich sagend zitiert man ein Kürzel, das für alles steht, was innerhalb der Grenzen liegt, an denen man auf das Fremde stößt. Um diese Grenzen dauerhaft zu sichern, spricht man vom Ich wie von einer gleichbleibenden internen Instanz und übersieht dabei, daß es sich um einen Entwicklungsprozeß handelt.

Der Säugling, der sich aus prärationaler Einheit (mit der Mutter) heraus zum Kleinkind entwickelt, das – im »Besitz« eines separaten Selbstbewußtseins – bereits an den Grundlagen der autonomen Werte des Jugendlichen arbeitet, der seinerseits die funktionale Eingliederung des Erwachsenen in seine Gesellschaft vorbereitet; das Prinzip bleibt das gleiche: Ziehen und Überwinden von Grenzen. Den Kern der Persönlichkeit bildet also keineswegs eine unveränderliche Struktur, sondern eine Dynamik, der man sich stets aufs neue zu überlassen hat, um mit der eigenen Entwicklung Schritt zu halten.

Die Person ist (nach existenzanalytischem Verständnis) weit mehr als dieser bescheidene Ausschnitt aus der Unbegrenztheit des Seins, der, zum Ich erklärt, ängstlicher gehütet wird als jeder Schatz.*

Hier sind wir nun an der grundlegenden Problematik einer Fähigkeit angelangt, die zu einem Fluch werden kann.

Das Ich als »Bewahrer« der Identität umschließt die guten, d.h. akzeptablen Selbstbilder mit dem festen Griff eines um sein Ansehen bemühten Haushofmeisters, der alle »unerwünschten Gäste« zu freudlosem Schattendasein in die Tiefen eines unsichtbaren Verlieses verbannt. Je stärker das Ich, desto unauffälliger bleiben die Gespenster an dunklen Orten verwahrt, während einem schwachen Ich die Abwehr der Angriffe seiner heimlichen Gegenspieler zunehmend schwerer fällt. Im Aufflackern unliebsamer Bedürfnisse, im Brechen persönlicher Tabus sowie in der Unvorhersehbarkeit sozialer Fehlleistungen erfährt das Ich eine andere »böse« Seite der gleichen Person. Einer Person, die – gerade noch geschätztes Abbild gesellschaftlicher Konformität – mit einem Mal jede Harmlosigkeit eingebüßt hat. Verdrängte, weil keiner Norm entsprechende Selbstbilder bedrohen das Ich zu jeder Zeit mit der Möglichkeit erzwungener Selbstoffenbarung als »menschliche Monstrosität« und

In der dauernden Konfrontation mit der Notwendigkeit, sich aus der Grenzenlosigkeit des je Möglichen zur Funktionalität eines psychophysichen Organismus begrenzen zu müssen, findet jene Festlegung statt, welche hinter der Maske der Identität im Mittelpunkt aller Verlustängste steht.

der damit verbundenen persönlichen und sozialen Ächtung. Der völlige Zusammenbruch des Ich befreit die Dämonen des Selbstzerfalles endlich auch von den letzten Ketten bewußter und unbewußter Zensur, um sie mit rücksichtsloser Triebhaftigkeit über ihr schutzloses Opfer herfallen zu lassen.

Das Ich kann somit als der erste und letzte Schutz des erwachsenen Menschen vor dem Wahnsinn betrachtet werden, dem er unweigerlich preisgegeben wäre, würde er der eigenen Widersprüchlichkeit ungefiltert ausgesetzt sein.

Das Ich ist die grundlegend menschliche Fähigkeit, durch alle Selbstablenkungen und -verführungen hindurch zu sich als stabile (begrenzte) Einheit zurückzufinden: Eine Fähigkeit (ein Sein, ein »Wie«), aber kein Besitz (ein Haben, ein »Was«).

Damit ist auch schon das Hauptproblem der Funktionsweise des menschlichen Geistes gefunden. Viele (die meisten?) psychischen »Störfälle« entstehen gerade aus der Doppelfunktion des Ich: einerseits die stabile Grundlage einer widerstandsfähigen Persönlichkeit* zu bilden und anderseits ununterbrochen zwischen inneren und äußeren Widersprüchen vermitteln zu müssen.

Ein Wie, das mit der Geste eines Was auftritt, ein zum Haben erklärtes Sein, bildet letztlich selbst einen Widerspruch, dessen Offenbarung jeder Mensch mehr als alles andere fürchten muß, da er dieser Unschärfe der Selbstbetrachtung seine Identität und damit sein Überleben verdankt.

Immer dann, wenn es Neues ins Bekannte zu überführen gilt, wenn in der Auseinandersetzung mit bisher unbekannten Lebens- und Erlebensinhalten diese mit bereits angenommenen verglichen und auf ihre Verträg-

**Nicht zu verwechseln mit dem existenzanalytischen Begriff der Person.*

lichkeit hin überprüft werden sollen, wird die Vorläufigkeit jeder Begrenzung spürbar. Im ersten Augenblick der Irritation durch Ungewohntes wird die scheinbare Sicherheit routinierter Alltagsbewältigung wieder durchlässig und das Ich als dynamischer Prozeß der Welt- und Selbstorganisation erlebbar. Das Individuum befindet sich an einem neuralgischen Punkt seiner Existenz. Wird es die Herausforderung der Fremdheit des Neuen annehmen oder – sich auf die Sicherheit des Gewohnten berufend – die anstehende Neuorientierung (bzw. »Grenzerweiterung«) verweigern? Kann das Ich der Infragestellung seiner Grundannahmen standhalten oder zerbricht es und verliert sich in unzähligen Bestandteilen dessen, was einmal ein funktionierendes Selbst gewesen ist? Die Gefahr ist real, und jeder kennt sie als den Hauch des Schreckens, der als Todesangst des Menschen engster Vertrauter ist.

Daß Höllenerfahrungen (mit allen oben angedeuteten Horrorszenarien) tatsächlich viel seltener im Zusammenhang mit Nahtod-Erfahrungen denn als Begleiterscheinungen schwerer psychischer Erkrankungen sowie in Form spontaner Einbrüche im Zuge tiefgreifender psychotherapeutischer Behandlungen auftreten, mag als interessanter Hinweis auf Entsprechungen und Unterschiede zwischen Abläufen in Todesnähe und Ich-Tod gelten.

Eine chronische Psychose versetzt »ihr Opfer« durch den Zusammenbruch seines Ich auf Dauer mitten in ein nicht mehr zu beeinflussendes Chaos bedrohlicher (bisweilen auch verlockender) Wahrnehmungsreste weit jenseits einer zusammenhängenden Identität. Im psychotischen Erleben wird die Hölle zur Wirklichkeit. Damit ist der Ich-Tod (der Verlust der stimmigen Koordination innerer und äußerer Wahrnehmungen) der folgenschwerste aller – nur dem Menschen möglichen – »Störfälle«, da mit ihm der Untergang (und die bewußte Teilnahme) an jeder geordneten Lebenswelt zwingend verbunden ist.

Beim Anblick eines hochgradig Geisteskranken wird die bedingungslose Identifikation »normaler« Menschen mit ihren Ich-haften Selbstentwürfen schnell verständlich. Wen kann es da wundern, wenn Fragen nach der Berechtigung der Ausschließlichkeitsansprüche des Ich bestenfalls auf »aufgeschlossenes Desinteresse« stoßen. Dennoch ist solche Infragestellung legitim. Aus Angst vor dem Verlust einer Überlebensnotwendigkeit übersieht man nur allzu gerne deren Schwächen. Und die Schwächen des Ich sind fraglos Widersprüchlichkeit und Begrenztheit. Weder kann das Ich als reine Dynamik dauerhafte Stabilität bieten noch sind die unter »seiner Herrschaft« zusammengefaßten Selbstfragmente schon alle Teile des menschlichen Mosaik.

Wer das ganze Bild sehen will, muß den Schritt hinter die – ohnedies vorläufigen – Grenzen seiner Identität wagen. Das bedeutet aber keineswegs, ein funktionstüchtiges Ich außer Kraft zu setzen, sondern vielmehr im Gegenteil, sich auf die Tragfähigkeit seiner Alltagsbewältigung verlassend, diese zu übersteigen.

Der Blick in die Gefahren drohenden Selbstverlustes bleibt zugleich ein Blick in die Hölle. Daß sich dieser Blick – wenn überhaupt dann – am Beginn von Nahtod-Erfahrungen auftut* deutet darauf hin, daß solch gespenstische Szenarien kein typisches Element der Nahtod-Erfahrung selbst sind, sondern vielmehr eine allgemeine Äußerung menschlicher Selbstgefährdung im Angesicht einer gänzlich neuen Situation darstellen.

**Bzw. bei Nahtod-Erfahrungen, die nicht über die Tunnelerfahrung hinausreichen.*

Derartige Schrecknisse treten tatsächlich häufig an biographischen Wendepunkten* auf, wenn gewohnte Selbst- und Fremdbilder ihre Gültigkeit verlieren.

Wenn das Leben einem unvermittelt ein bislang unbekanntes Gesicht zeigt, steht man vor der Wahl, alten Denk- und Betrachtungsweisen bis in deren pathologischen Untergang hinein treu zu bleiben oder sich vertrauensvoll der Herausforderung des Fremden – vorerst »mit leeren Händen« – auszusetzen. Aber kann man sich im Augenblick höchster Gefahr einfach selbst loslassen, um blind nach einer unbekannten Gelegenheit zu greifen? Wie kann man darauf vertrauen, daß man sich am Ende eines Tunnels wiederfindet und nicht zusammen mit einem sterbenden Ich für immer selbst verloren geht? Auf derlei Fragen geben Berichte über Vorgänge in Todesnähe überraschende Antworten.

Zunächst kennzeichnet der Umstand, überhaupt in die Nähe des Todes kommen zu müssen, das Erreichen einer jener kritischen Stationen, an denen Menschen** mit der Möglichkeit einer Auslöschung aller erworbener Sicherheiten konfrontiert werden. Ist der anfängliche Verlauf weitgehend von der Persönlichkeitsstruktur des Betroffenen abhängig, führt die Vertiefung der Erfahrung in ganz andere – von allen inhaltlich übereinstimmend geschilderte – Gefilde. Je größer der Widerstand, den man gegen den freien Verlauf der Nahtod-Erfahrung aufbietet, desto bedrückendere Szenen fluten das um seinen Fortbestand ringende Bewußtsein. Wieder zeigt sich, daß es der furchtsame Kampf um den vermeintlichen

**Einschneidende – oft traumatische – Änderung der Lebensumstände wie Pubertät, Verlust einer wichtigen Bezugsperson, private und berufliche Umstellungen, Einnahme bewußtseinsverändernder Substanzen, schwere körperliche Erkrankungen etc.*

***Durch die Notwendigkeit ihr bisheriges Selbstverständnis loszulassen.*

Besitz eines illusorischen Ich ist, der unweigerlich in die Niederlagen des Selbstverlustes führt. Eine natürliche Phasenabfolge ist unterbrochen, eine evolutionäre Entwicklung stark behindert. Die Hölle wird zum selbstgewählten Aufenthalt all jener, deren »Lebensverweigerung im Angesicht des Todes« sie in die Trostlosigkeit dieses fiktiven Ortes flüchten ließ.

Hat man die ersten Anzeichen der Todesangst, in kleinmütiger Verweigerung alte Bilder loszulassen sowie in mangelndem Vertrauen das Erscheinen neuer abzuwarten, gefunden, bewirkt die Nahtod-Erfahrung eine Wiederbelebung. Indem sie einen Weg aus dieser fatalen Selbsttäuschung aufzeigt, lehrt sie Menschen in wenigen Augenblicken, Fähigkeiten wieder zu nutzen, die unter der Oberfläche des routinebeladenen Alltags wie Adern zum eigentlichen Herzen eines Wesens führen, das nun lächelnd hinter seiner irdischen Verkleidung hervortritt.

Johann berichtet von einer Nahtod-Erfahrung, die »himmlische und höllische« Aspekte enthält:

... plötzlich sah ich den Tunnel. Obwohl ich noch immer damit beschäftigt war, mich bei den Anwesenden (medizinisches Personal) bemerkbar zu machen, wurde ich in seine Öffnung hineingezogen. Es herrschte dunkles Zwielicht. Zuerst war nichts zu erkennen. Ich hatte das Gefühl, mich irgendwie vorwärts zu bewegen. Dann sah ich sie. Undeutlich zuerst – wie formlose Schatten, die mir immer näher kamen, bis sie mich gänzlich umschlossen, als wollten sie mich zurückhalten. Meine Angst wurde immer unerträglicher. Ich hatte den Eindruck, je größer mein Entsetzen wurde, um so deutlicher nahm ich ihre grauenhaften Gestalten wahr. Ich fürchtete, vollends den Verstand verloren zu haben, so uferlos war die Panik, in die sie mich trieben.

Das also war die Hölle – ich war mir sicher. Die Szenen, die sich mir boten, waren von derart obszöner

Ekelhaftigkeit, daß ich mir danach geschworen habe, niemals jemandem davon zu erzählen. Ich wußte, daß ich verloren war. Ich gab mich auf und überließ mich dem Grauen in Erwartung meiner bevorstehenden Vernichtung (oder in der Hoffnung darauf?). Unvermittelt sah ich ein helles Licht, wie von einem weit entfernten Stern, der zunehmend heller wurde und an Größe gewann. So unvorstellbar und unbeschreiblich die erlebten Schrecken waren, so phantastisch und unbeschreiblich schön war das nun folgende. Ich war von der Hölle direkt in den Himmel gekommen«.

In dieser Schilderung wird der Tunnel, der eine Verbindung zwischen den Welten herstellt, zum Schauplatz einer dämonischen Bedrängnis. Jeder Widerstand – als Kampf um die eigene Identität – verstärkt nur das panische Entsetzen, dem Johann sich unentrinnbar ausgeliefert sieht. Die Angst, den Verstand zu verlieren, ist wörtlich zu nehmen und reflektiert die tatsächliche Anforderung der Situation.

Den Verstand muß man hier nicht verlieren, sondern loslassen. Nicht der Tod als endgültige Auslöschung* sondern die erzwungene Aufgabe des menschlichsten – weil ihn am meisten charakterisierenden und ihn vor allen anderen Lebewesen auszeichnenden – Attributes, seines Verstandes, steht im Mittelpunkt der Todesangst und macht diese derart schrecklich, daß sämtliche dem Menschen verfügbare Verdrängungsmechanismen Tag und Nacht daran arbeiten, sie zu beseitigen.

Johann zöge ein Ende seiner Existenz der weit schlimmeren Möglichkeit – dem Verlust seines Verstandes – vor.

**Eine Auslöschung, die wir uns nur deshalb nicht vorstellen können, weil es sie gar nicht gibt bzw. wir beim Versuch der Vorstellung sogleich den Einspruch einer inneren Gewißheit spüren, die tiefer reicht als alle Gedanken, zu denen sie oft genug in rätselhaftem Widerspruch steht.*

Den Verstand zu verlieren heißt, sich selbst zu verlieren, bedeutet die Welt zu verlieren und wieder im Chaos zu versinken, das der Verstand immer nur für kurze Zeit zur Illusion eines überschaubar geordneten Ganzen zu vereinfachen vermag. Sich dieser Zumutung zu überlassen, diese furchtbarste aller Möglichkeiten in Kauf zu nehmen, ist eine letzte Aufgabe (der Selbstaufgabe), die gleichsam als Wächter das Geheimnis des Todes hütet.

Von der Unumgänglichkeit eines Wandels heraufbeschworen steht jeder – wie vor dem Rätsel einer Sphinx – vor sich selbst als Frage und Antwort zugleich. Erst wenn die Landkarte des Verstandes weggelegt wurde erschließt sich einem das Land selbst. Vom Verstand als der Ich-haften Selbstfixierung abzulassen, heißt, den Blick an dieser »mobilen Selbstbeschränkung« vorbei in die eigene Unbegrenztheit zu wagen.

Im gleichen Augenblick, in welchem Johann sein Ich (und dessen Instrument, den Verstand) aufgibt, geht »die Reise« weiter bzw. erst richtig los. Aus dem so düster gemalten Verlust wird ein Gewinn. Und was für ein Gewinn!

Ich-Transzendenz und Selbsterkenntnis: Das Paradies

Johann fährt fort:

»... mit einem Schlag erkannte ich mich selbst. Ich verstand. Es gab keinen Grund, mich zu fürchten und ich wußte, daß es tatsächlich nie einen gegeben hatte. Es ist schwer in Worte zu fassen, was ich empfand. Von einem Augenblick zum anderen war ich ein ganz anderer geworden und trotzdem auch noch der gleiche geblieben. Als hätte ich Anschluß an etwas Göttliches in mir selbst gefunden, weitete sich mein Bewußtsein über die gewohnten Grenzen hinaus. Mit neuen Sinnen erschlossen sich mir Bedeutungen und Zusammenhänge, die ich nie vermutet hätte ... es war wie ein Wiedererkennen ... ich sah den ganzen Plan ... ein neues, grenzenloses Bewußtsein ... ich war zu Hause.«

Was war geschehen, daß wir Johann – gerade noch Opfer eines bizarren Pandämoniums – mit einem Mal inmitten der Wonnen einer kosmischen Inspiration wiederfinden? Johann überschreitet die Grenzen seines alltäglichen Ich, ohne daß es zur erwarteten Katastrophe der vollständigen Auslöschung (des Selbstverlustes) kommt. Vielmehr im Gegenteil: »es war wie ein Wiedererkennen«, ja, es stellte sich sogar das Gefühl ein, »in diesem grenzenlosen Bewußtsein heimisch zu sein«. Kaum hat Johann »das neue Land« betreten, schon lichten sich die Nebel der Ungewißheit, und ohne in die Fallstricke eines feindlichen Jenseits zu geraten, empfängt ihn die Erinnerung an die vergessene Heimat wie die überraschende Antwort auf eine schon lange quälende Frage.

Wollen wir uns einem Verständnis dieser »Metamorphose« des Schrecklichen zum Wunderbaren weiter annähern, haben wir uns zunächst einer besonderen Fähigkeit des Menschen zuzuwenden.*

Jedes Lebewesen gestaltet im Zusammenspiel zwischen physischer Ausstattung (Sinnesorgane) und psychischer Veranlagung (Auswertung der Sinneseindrücke) seine eigene Wirklichkeit, die es zeitlebens als die seinen Möglichkeiten angemessene Welt handelnd bewohnt. Alleine dem Menschen ist es aufgrund seiner über das Psychophysikum hinausreichenden »geistigen Beheimatung« vorbehalten, bewußt auf die eigenen Selbst- und Weltentwürfe Einfluß nehmen zu dürfen.

**Daß wir uns dabei nicht in neuen Aufgüssen verstaubter Lehren vergessener Mysterienschulen verlieren, sondern – wie auch schon zuvor – um zeitgenössisches Wissen bemühen, garantiert einmal mehr die Aktualität dieser Ausführungen für den interessierten Leser von heute.*

Die Person* verläßt die Erfahrung der Einheit mit ihrem Ursprung, um sich zum Individuum mit funktionaler Identität zu entwickeln. Unsicher trägt der Mensch dem Einzug in seine selbstgeschaffene begrenzte Welt bereits ein Ich voran, das als Wahrzeichen des Verlustes der Erinnerung an eine größere Heimat, an eben diesem Verlust schon unheilbar erkrankt ist.

Erst der drohende Tod entdeckt die Täuschung, welche im Verzicht einen Verlust sah und erinnert die – hinter ihrem Ich zurückgetretene – Person unmißverständlich an die Vorläufigkeit der verdrängten Wahl. Bis dahin bleibt – höchstens in gelegentlichen Ahnungen – eine intuitive, oft wehmütige aber immer plagende Gewißheit von einer ganz anderen Bestimmung** und einem »verlassenen Paradies« erhalten. Und wenn dieses Ahnen mitunter allzusehr ins Bewußtsein drängt, kommt es vor, daß einen, aus scheinbar zufälligen Nebensächlichkeiten, wie dem flüchtigen Blick eines Unbekannten, die lockende Fremde einer anderen Welt unverhofft entgegenweht.

Die Fähigkeit, sich von Wirklichkeiten, die außerhalb eines begrenzten Ich existieren, innerlich berühren zu lassen und in dieser Berührung bislang unbekannte Aspekte des eigenen Selbst entdecken und verwirklichen zu können, nennt man Ich-Transzendenz. Transzendenz bezeichnet auch das absichtsvolle und zielgerichtete Überschreiten der – ohnedies stets unscharfen – Ränder eines angepaßt funktionalen Selbstbildes (Ich), um in der unbefangenen Begegnung mit »Ungewohntem« erneut ins Leben einzutauchen.

Das Ziel der Ich-Transzendenz ist die Fremde, die jedes Ich nicht nur umgibt, sondern deren Pforten sich

**Existenzanalytisch für das Geistige im Menschen.*

***Einer anderen Bestimmung als den alltäglichen Kampf um die Bedingungen irdischen Überlebens.*

bereits innerhalb der »schützenden Wahrnehmungsbarrieren« (Filterfunktion des Ich) heimlich auftun. Es geht hier um eine innere Verbindung zwischen dem Einzelnen und dem Ganzen.

Bildet das Ich einen Schutz vor einem nicht mehr zu bewältigenden Überfluß an (Sinnes) Eindrücken und deren Bedeutungsvielfalt, so schirmt es die »derart Geschützten« gerade dadurch auch voneinander und ihrer Welt ab. Im gleichen Maße, in dem Bilder bzw. Vorstellungen von der Welt und ihren Geschöpfen den Umgang mit den »Originalen« bestimmen, zieht sich der Mensch in die »platonische Höhle« seiner intellektuellen Isolation zurück. Diesen Ersatz des Wirklichen durch das »Vorgestellte« (als dessen Abstraktion) erlebt er wiederum als zunehmende Selbstentfremdung, da sich ihm auch der eigene Sinn nur im Wechselspiel »weltlicher« Anfragen (nach existentiellen Lebensäußerungen) mit personalen Antworten erschließt.*

Um die eigene Existenz – und damit sich selbst – im Zusammenhang eines übergeordneten Sinnes zu verstehen, bleibt das Individuum darauf angewiesen – zumindest bisweilen –, die Kulissen seiner Welt- und Selbstzensur heben zu können.

Ein Spiel mit sich und der Welt ist das Wesen des Menschen, der Grund seiner Ängste sowie das Ziel seines Hoffens. Ein Spiel, das freilich mit der Höhe des Einsatzes unversehens ernster wird.

Mit zunehmender Manipulierbarkeit erscheint die Welt selbst immer »besitzbarer« und das »besitzfähige« sterbliche Subjekt von allerlei Verlustphantasien immer bedrohter. Die hinter den Spiegeln des ängstlichen Ich lauernde Hölle bildet solange eine allgegenwärtige Gefahr, bis die (Spiegel) Bilder gestürmt und die Täuschung offenbar wird. Daß der Teufel seinem Opfer oft aus einem

Existenzanalytisches Prinzip der Selbst- bzw. Ich-Transzendenz.

Spiegel entgegenblickt, ist schon in alten Sagen ein eindeutiger Hinweis auf die fatalen Folgen der Verwechslung (der Gleichsetzung) des Selbst (der Person) mit seinem Abbild (einem Selbstbild, dem Ich).

Ich-Transzendenz bedeutet in letzter Konsequenz das Wagnis, allen Besitz fahren zu lassen, um gerade im Loslassen der Dinge ihr eigentliches Wesen erfahren zu dürfen.* Dies trifft in besonderem Maße auf das eigene Selbst zu: Je ausschließlicher ich mich auf ein bestimmtes Selbstbild beschränke und von der Welt verlange, mich genauso zu sehen, desto bereitwilliger bin ich längst in die Unwirklichkeit dieses Bildes eingegangen. Je mehr ich es hingegen der Welt erlaube, nach mir zu fragen und ich mich zur Antwort in der Berührung mit dem Fragesteller** stets aufs Neue zu erspüren habe, mit desto reicheren Einblicken in die Unbeschränktheit meiner Person werde ich bleibend beschenkt werden.

Der Mensch, der sich als »lebendiges Opfer« seiner Welt darbietet, gewinnt diese Welt mit allem was darin enthalten ist – sich selbst eingeschlossen. Der Mensch aber, der seine Welt – unterworfen und als Besitz konserviert – der Unersättlichkeit monströser Selbstbilder zu überantworten trachtet, verwirkt diese Welt mit allem, was darin enthalten ist – sich selbst eingeschlossen.

Jede über die engen Grenzen individueller Bedürfnisbefriedigung reichende Orientierung an übergeordneten (Einstellungs) Werten birgt einen Hinweis auf die Weite einer geistigen Dimension, die als wählbare Möglichkeit grundsätzlich zu jeder Zeit erhalten bleibt. Indem sich die Person von einem Gegenüber berühren läßt, erreicht

Daß sich die substantielle Bedeutung der Phänomene ihrer Besitzbarkeit ohnedies auf Dauer entzieht, verweist somit wiederum auf das Leiden des Menschen an der letzten Bedeutungslosigkeit all seiner Besitztümer. Eine Bedeutungslosigkeit, welche die Schrecken von Höllenvisionen aller Zeitalter reflektiert.

**Bzw. mit den Phänomenen.*

sie diesen Horizont des Geistes und entwächst gleichzeitig den hilflosen Zwängen ihres kurzsichtigen Ich. Die Bereitschaft, den Herausforderungen von Leben und Tod notfalls auf Gedeih und Verderb zur Verfügung zu stehen, wird zum Prüfstein menschlicher Selbsttranszendenz. Erst wenn mein Leben durch seine Ausrichtung auf Werte, die noch jenseits alltäglicher Selbstbehauptung Bestand haben, »unwiderruflich« sinnvoll wird, verliert selbst die Hölle ihre letzten Schrecken. Dann kann es mir gelingen, mich an jedem beliebigen Punkt meiner irdischen Existenz in die Ewigkeit einer Wirklichkeit einzubringen, die längst nicht mehr auf der Vorzeigbarkeit so vergänglicher Güter wie den Illusionen eines flüchtigen Ich gründet.

Im Zentrum existenzanalytischer Überlegungen* steht also der im Angesicht seiner Sterblichkeit um Sinn ringende Mensch. Von all seinen Werken an deren (und damit seine eigene) Vorläufigkeit erinnert, findet er einzig in einer radikalen Einstellungsänderung (existenzanalytisch: Einstellungswertverwirklichung) zu seiner eigentlichen Natur als geistig unbegrenztes Wesen zurück.

Eine Einstellungsänderung, welche das Leben nicht mehr als Schauplatz eines aussichtslosen Wettkampfes um steten »Zahlungsaufschub« mißversteht, sondern als Gelegenheit begreift, sich einer Abfolge existentieller Fragen zu stellen, um sich in verbindlichen Antworten auf etwas hin auszurichten, das nicht mehr »nur« Ich ist. Für dieses Übersteigen des Ich am anderen, dieses absichtliche Zurückstellen individueller Entbehrungen, bedarf es zuerst eines tiefen Vertrauens in das Vorhandensein einer solchen Sinnmöglichkeit.

**Sowie der existenzphilosophischen Anthropologie im weitesten Sinne, aus der heraus Frankl die Existenzanalyse – quasi als deren lebenspraktische Anwendung – entworfen hat.*

Gerade dieses Vertrauen ist aber der kleinste gemeinsame Nenner aller Nahtod-Erfahrungen und vielleicht die letzte Ursache ihres heilsamen Potentials. Wie kein anderes Erlebnis gelingt es der Nahtod-Erfahrung diese Zuversicht in »ihren Schülern« dauerhaft zu verankern.*

Daß die unsteten – oft ungerecht und grausam anmutenden – Eventualitäten eines irdischen Schicksals »ihre Opfer« allein an deren ursprüngliche Absichten und Fähigkeiten erinnern sollen, bleibt sicheres Wissen der von der Schwelle des Todes zurückgekehrten.

Wer immer in einem Augenblick der Ich-Transzendenz die einzigartige Entfaltung des Bewußtseins im Loslassens seiner selbst erfahren durfte, hat fortan kein Verständnis mehr für die Ängstlichkeiten seines funktionalen Ich. Eines Ich, dessen Bedeutung für eine effiziente Alltagsbewältigung er durchaus zu schätzen weiß, hinter dem er nun aber auch die Freiheit sieht, die ihn allzeit umgibt, um ihn in jeder Episode seines Lebens zum Eintritt zu reizen. Wieder geht es um die Erkenntnis, daß alles Leid mit der Einseitigkeit einer Ich-bezogenen Sicht der Dinge zusammenhängt, indem der Welt selbst – auf diese Weise in die immer gleiche Perspektive (des um sich und seine vorläufigen Inhalte fürchtenden Selbstbildes) gezwungen – Gewalt angetan wird. Der Zwang, den der Mensch aus der Verwechslung von Sein und Schein auf seine Welt ausübt, wird zur Ursache allen Leidens am Sinn- bzw. Selbstverlust in einem eintönig farblosen Weltfragment, dessen – immer noch – vielfältige Appelle nach ganzheitlicher Stellungnahme, in diesem Kraftakt wider jede Natur, weitgehend verleugnet oder pathologisiert werden. Erst in der jeweils situationsbezogenen Auseinandersetzung mit so bedrohlichen Appellen wie der Konfrontation mit der eigenen

**Denn zu solchen werden augenblicklich alle Betroffenen, wenn sie von der Reichweite des bewirkten Verstehens im Innersten erfaßt wurden.*

Sterblichkeit wird die Erfahrung möglich, daß sich das Ich keinesfalls darin verliert, sondern im Gegenteil eher gestärkt daraus hervorgeht und sich dennoch plötzlich ganz neue Perspektiven eröffnen können. Das Leben bekommt erst dann wieder Farbe und Geschmack, wenn es mit seinen Anfragen auf ein personal verbindliches Gegenüber trifft.

Am Phänomen der Transzendenz erklärt sich auch, daß es Menschen nach Nahtod-Erfahrungen verstehen, jeden noch folgenden Tag ihres irdischen Lebens für die Pflege neuer – überindividueller – Werte zu nutzen und gerade dadurch auch viel bewußter zu genießen.* »Transzendente Fähigkeiten« äußern sich oft im Einsatz für höhere Ideale (als die Unbeschwertheit augenblicklichen Wohlbefindens) und im selbstlosen Bemühen um Nöte und Bedürfnisse anderer, denen noch keine Nahtod-Erfahrung zum unerschütterlichen Vertrauen in das Sein hinter dem Schein verhalf.

Herbert, der aufgrund einer chronischen Erkrankung seit vielen Jahren an starken Schmerzen litt und zeitlebens körperlich schwer eingeschränkt blieb, erlebte seine Nahtod-Erfahrung als unmittelbare Folge eines Verkehrsunfalles. Im Interview – acht Jahre, nachdem er auf der Fahrt ins Unfallkrankenhaus in einer Ambulanz wieder zu Bewußtsein kam, – berichtet er von Einsichten, die sein Leben nachhaltig verändert haben:

»... ich wage es kaum zu sagen, aber an diesem unbeschreiblich schönen Ort, an dem ich zum ersten Mal, seit ich denken kann, völlig schmerzfrei und ohne jede Behinderung war, wußte ich mit Sicherheit, daß ich die Krankheit für mein irdisches Leben selbst gewählt hatte. So seltsam das auch klingen mag, ich habe den Sinn

**Dies ungeachtet der mit nichts zu vergleichenden Schönheit des Erlebten und trotz des allgemeinen Widerwillens zur »Rückkehr«.*

dieser Wahl genau begriffen, und es war das befreiende Gefühl einer absoluten Erleichterung, wieder dort zu sein, wo mein bisheriges Schicksal wie ein Traum hinter mir lag, aus dem ich für immer erwacht war ... obwohl mir dieses Wissen bei der Rückkehr in meinen alten kranken Leib wieder verloren ging, hält seine Wirkung bis heute an. Ich weiß jetzt, daß meine Krankheit kein Unglück ist, das mich traf, um mir das Leben zu »vermiesen«, sondern eine Aufgabe, die mir die Gelegenheit bietet, mein wahres Wesen zu erkennen. Seither lebe ich viel bewußter als früher, als ich mit meiner Krankheit lediglich mich selbst und andere unterdrückte. Ich mißbrauche meine Behinderung nicht mehr als billige Ausrede für meinen Egoismus. Indem ich die Herausforderung meines Lebens annehme, versuche ich, auch anderen dabei zu helfen, ihre Leiden und Einschränkungen als das zu begreifen, was sie in Wirklichkeit sind: Fingerzeige eines freundlichen Schicksals auf die Begrenztheit alles Irdischen. Wenn viele meinen, zu sterben wäre das schlimmste, was einem Menschen passieren kann, kann ich nur sagen, noch viel schlimmer ist es, die Wunder jener Welt zu vergessen, in die wir alle – jeder zu seiner Zeit – zurückkehren dürfen. Dieses Erlebnis, das nicht einmal zehn Minuten gedauert hat, brachte mir weit mehr als die therapeutischen Behandlungen vieler Jahre.«

Herbert nimmt trotz seiner Erkrankung – ja geradezu an dieser vorbei – seinem Leben gegenüber eine antwortende Grundhaltung ein und wird damit wieder heil. Heilung bedeutet hier nicht die Befreiung von den schweren Symptomen, sondern die Annahme einer Herausforderung, die sich erst in der Krankheit stellt. Herbert setzt Gesundheit auch nicht mehr mit der Abwesenheit von (körperlichem) Leid gleich. Indem er es ihr nicht mehr erlaubt, ihm den Blick auf seine persönlichen Werte zu verstellen, besiegt er die Krankheit, ohne daß diese abgeklungen ist.

Daß der Mensch noch durch tiefstes Leid auf eine Sinnspur zu finden vermag, markiert als Erfahrung lebendiger Transzendenz den Weg zu einer höheren Gesundheit.*

In seinem kaum zehnminütigen Erlebnis tauscht Herbert ein Dasein leidvoller Selbstversunkenheit gegen ein erfülltes, an neuen Perspektiven reiches Leben. Das »Paradies« ist fortan für Herbert kein unerreichbarer Ort mehr.

**Der »selbsttranszendente« Umgang mit aktuellen Problemstellungen – anstatt einer »egozentrischen« Problembeseitigung – ist ein wesentliches Merkmal der Existenzanalyse, die von Frankl aus seiner eigenen KZ-Erfahrung heraus vertieft wurde, in der er selbst das Prinzip der Stellungnahme zu einem unabwendbaren, akut lebensbedrohenden Sachverhalt praktizieren mußte. Es mag dies ein weiterer Grund dafür sein, daß sich die Existenzanalyse besonders gut zur Annäherung an ein Verständnis der »Wirkung« von Nahtod-Erfahrungen eignet. Ihr zentrales Axiom ist die unbeschränkte Verfügbarkeit der grundlegend menschlichen Freiheit zur Stellungnahme – wozu auch immer und wie auch immer – als Äußerung der geistigen Dimension des Menschen.*

Die Nahtod-Erfahrung als allgemeine menschliche Fähigkeit und – Bestimmung

Der Tod als Lehrer des Lebens, der Tod gar als Heiler? Ist es nicht paradox, wenn Menschen, die dem Tod gerade noch einmal von der Schippe gesprungen sind, plötzlich behaupten, im Besitz von Wissen zu sein, um das sich die »klügsten Köpfe« vieler Generationen zeitlebens umsonst bemüht haben?

Ist es nicht zynisch, die Wunder des Lebens erst dann uneingeschränkt erkennen zu dürfen, wenn man sein Leben schon fast verloren hat? Kann es nicht sein, daß noch andere, ungefährlichere Zugänge zu diesen »heilsamen« Erkenntnissen existieren? Muß man denn eine Sache erst verlieren, um ihren Wert zu begreifen?

Legt man diese und ähnliche Fragen den Menschen vor, die aufgrund der Auswirkungen ihrer Nahtod-Erfahrungen zu diesen Fragen Anlaß gaben, erhält man auch Antworten.

Antworten, die zumeist mit der gleichen vergnüglichen Leichtigkeit ebenso unbesorgt vorgebracht werden, wie die Schilderung jener überirdischen Sphären, denen sie entstammen. Antworten, die wiederum in geradezu verblüffendem Einklang mit dem aktuellen Stand elitärer psychologisch – psychiatrischer Forschungen stehen.

Auch hier waren es nämlich zuerst Wirkmechanismen und Folgen bestimmter psychischer Zusammenbrüche, die zu neuen und überraschenden Einsichten in die Funktionsweise des menschlichen Geistes führten (und führen).

Besondere psychiatrische Notfälle, die – schweren psychotischen Schüben nicht unähnlich – rigide Ich-Strukturen aufbrechen und damit eine funktionale Alltagsbwältigung verunmöglichen, sich aber dennoch in wesentlichen Elementen von den bekannten Formen regressiver Psychosen unterschieden, werden als »regession in the service of transcendence« (Regressionen im Dienste der Transzendenz) bezeichnet und verlangen eine völlig andere Behandlung als »herkömmliche« psychotische Erkrankungen.

Lange Zeit hat die abendländische Medizin diese auch als spirituelle Krisen bekanntgewordenen Phänomene etwa mit schizophrenen Psychosen gleichgesetzt und entsprechend therapiert, was für viele Menschen eine zusätzliche Vertiefung und unnötige Chronifizierung ihres Leidens zur Folge hatte.

Erst im späten 20. Jahrhundert gestand man sich wieder ein, daß nicht alle psychiatrischen Krankheitsverläufe als Ausdruck einer pathologischen Ich-Schwäche begriffen werden können und dürfen. Oft scheinen außergewöhnliche Symptomatiken eher neuralgische Punkte einer evolutionären Entwicklung des menschlichen Bewußtseins darzustellen.

Der amerikanische Psychiater John E. Nelson, dem das Verdienst zukommt, das erste umfassende – in diesem Sinne »postmoderne« – psychiatrische Lehrbuch »Healing The Split« verfaßt zu haben, weist in seiner Arbeit nachdrücklich auf die Bedeutung dieser lange vernachlässigten Thematik für ein angemessenes Verständnis psychischer Gesundheit hin. Nelson stellt fest, daß der Mensch, immer wenn er von einem Lebensabschnitt zum nächsten voranschreitet, alte Werte, Überzeugungen (ethische, logische, religiöse ...) und »abgelebte« Beziehungen zuerst hinterfragt und schließlich aufgibt. Eine bis dahin angemessene Sicht der Wirklichkeit wird ausgeblendet, um neuen Weltbezügen Platz zu machen.

Mit anderen Worten: ein solcher Mensch im Wandel »stirbt« aus seinem alten Leben in ein neues. Er entwikkelt sich weiter und erreicht – wenn alles gut geht – eine höhere Ebene psychosozialer Existenz, welche Wissen und Fähigkeiten ihrer »Vorgängerin« keineswegs zurückläßt, sondern zur Verwirklichung übergeordneter Sinnzusammenhänge nutzt.

Diese Übergänge können sich aber auch durchaus dramatisch gestalten. Oft reagiert die Umwelt auf massive Veränderung eines Menschen mit Widerständen, oft finden sich Widerstände in der eigenen Psyche, die sich dagegen wehrt, das Gewohnte – und damit sichere – einfach aufzugeben, um sich in der Auseinandersetzung mit bislang unbekannten – daher bedrohlichen – Anforderungen selbst in Frage stellen zu müssen. Nicht selten ist es ein spirituelles Erwachen, das zum Anlaß von Übergangssymptomen wird, die an Schwere und Unberechenbarkeit – besser bekannten – psychotischen Leiden in nichts nachstehen. Lebhafte Träume, Halluzinationen und Gedankenirritationen verzerren eine derartige »psychische Wiedergeburt« manchmal zu einem wahrhaft höllischen Erlebnis.

Für solche Notfälle ist eine westliche Industriegesellschaft nur schlecht gerüstet, was immer wieder zur ungerechtfertigten (hinderlichen) Pathologisierung dieses Geschehens führt, das weit mehr einem menschlichen Potential denn einem bestimmten Krankheitsbild zuzuordnen ist.

Tatsache bleibt die Fähigkeit und die Bestimmung des Menschen, sich zeitlebens über die eigenen Grenzen hinaus wagen zu können bzw. zu müssen. Ein Umstand, der nur allzu gerne psychiatrisch-psychotherapeutischen Allmachtsphantasien geopfert wird, anstatt zum Entwurf »riskanterer Menschenbilder« zu ermutigen.

Die Angst vor Selbstverlust markiert hier den versäumten Eintritt in eine Sphäre aufregender Entwicklungsmöglichkeiten – abseits alltäglicher Tristesse. Wann immer jemand, von aktuellen Gegebenheiten herausgefordert, mit gewohnten Verhaltensstrategien kein rechtes Weiterkommen finden will, bietet sich ihm die Gelegenheit, an dieser Herausforderung (selbsttranszendent) zu neuen Einstellungen zu finden. Einschneidende biographische Erlebnisse, wie der Verlust einer wichtigen Bezugsperson und ähnliche – meist traumatische – Veränderungen der Lebensumstände, können genauso wie das Praktizieren bestimmter Meditationstechniken oder die Einnahme bewußtseinserweiternder Drogen zu solchen Gelegenheiten werden, die als unerwartete Konfrontation mit der Evolution des menschlichen Bewußtseins nicht nur positiv erfahren werden. Oft genug führt der verzweifelte Versuch, einen vermeintlich sicheren Ursprungszustand wiederherzustellen bzw. die Absicht bereits eingetretene Tatsachen zu ignorieren, Menschen in die regressive Symptomatik zwanghafter Verdrängungsmechanismen. Krisen, wie auch das Ringen mit dem Tod, zielen – indem sie alle bisherigen Vorstellungen radikal in Frage stellen – auf die Fähigkeit zur Ich-Transzendenz und damit letztendlich auf eine Nahtod-Erfahrung.

Die für den Verlauf einer Nahtod-Erfahrung so charakteristische Notwendigkeit, sich von alten Selbstbildern zu lösen, um sich vorbehaltlos dem noch Unbekannten zu überantworten, ist zugleich ein typisches Element aller Lebenskrisen.

Das von Halluzinationen und inneren Stimmen heimgesuchte Opfer eigener Widerstände (gegen jeden Wandel) steht genauso wie der Sterbende, dem sein vertrautes Selbst entgleitet, unmittelbar vor der unwiderruflichen Auflösung »überlebter« Selbstdarstellungen. Der aussichtslose Kampf gegen diese Unumgänglichkeit führt scheinbar den einen in die Psychose, den anderen in die Hölle.*

»Scheinbar« deshalb, weil es sich hierbei geausowenig um eine »echte Psychose« wie um eine »echte Hölle« handelt, sondern »bloß« um unterschiedliche Benennungen der gleichen Folgen des unbeirrbaren Festhaltens an längst ungültigen Selbstbildern – für die Dauer dieses »sinnlosen« Unterfangens!

Wenn sich beide schließlich an diesen Orten begegnen, wissen sie, daß der Grad tatsächlicher Lebensbedrohung einer Krise keinen Unterschied für die Folgen ihrer Verweigerung bedeutet. Wie Schläfer, die das Erwachen aus nicht besonders erfreulichen Träumen mehr fürchten als Wahnsinn und Tod, weil sie vergessen haben, wie es ist, wach zu sein, halten die beiden zwanghaft an den Trugbildern ihres beschränkten Vorstellungsvermögens bis in deren krankhafte Verzerrungen hinein fest.

Dabei wäre das Erwachen alles andere als schrecklich. Wird Tod zum Synonym für Ich-Transzendenz, wird die Nahtod-Erfahrung zur zentralen Lebenserfahrung. An allen Bruchstellen des Lebens, an denen sich gleichsam eine Tür zur Entfaltung höherer psychosozialer Funktionen öffnet, bilden die Inhalte von Nahtod-Erfahrungen das Zeugnis dieser geistigen Evolution.

Psychische Störungen* blieben dann als tragisches Mißverständnis Ausdruck eines falschen Umgangs mit dem transformativen Potential solcher Stationen der Veränderung. Und tatsächlich stimmen Psychiater und Psychotherapeuten, die sich auf die Arbeit mit derartigen psychotischen Erscheinungen (in der Folge von Drogenmißbrauch, »Meditationszwischenfällen« u.ä.) spezialisiert haben, darin überein, daß ihre Klienten immer wieder von Phänomenen wie Höllenvisionen, Außerkörperwahrnehmungen, Tunnelerfahrungen, Lebensrückblicken und des Geborgenseins in strahlend weißem Licht berichten. Wobei letztere Erlebensinhalte meist das glückliche – und für gewöhnlich endgültige – Ende der »psychotischen Phase« ankündigen.

Diese Klienten befinden sich in der Regel nach Abklingen der Symptomatik auf einem deutlich höherem psychosozialen Funktionsniveau als vor dem Auftreten

Solche, die oben als »regression in the service of transcendence« bzw. spirituelle Krisen bezeichnet wurden.

erster Beschwerden, derentwegen sie sich später in Behandlung zu begeben hatten.* Das gleiche Prinzip, das es dem Sterbenden ermöglicht, sich dem Unvorstellbaren zu überlassen und dem »Psychotiker« erlaubt, aus seinen Wahngebilden aufzutauchen, wirkt aber auch in anderen – harmloseren – Lebensbereichen. Weniger spektakulär, aber geradeso hilfreich ist diese Fähigkeit, über sich selbst hinauszuwachsen, wenn alltägliche Veränderungen uns zur Aufgabe »lieber Gepflogenheiten« veranlassen. Beim Wechsel des Arbeitsplatzes, den unvermeidlichen Folgen einer Partnerwahl, bei der ersten Inbetriebnahme eines neuen Fahrzeuges wie beim Einzug in eine angemessenere Wohnung und zu tausend vergleichbaren Anlässen erschließt sich der Gewinn des Neuen erst nach Loslassen des Alten.

Silvia, deren Lebensstil sich nach einem beinahe tödlichen Badeunfall auffallend verändert hat, meint dazu: »... ich weiß jetzt wie notwendig es ist, daß man sich selbst nicht unentwegt so wichtig nimmt, wie ich es in meinem Leben vor dem Unfall stets getan habe. Damals hatte sich alles ausschließlich um mich zu drehen. Ich war weitgehend materiell orientiert. Nur Besitz zählte und was ich einmal zu besitzen glaubte. Alles Einbildung! Gerade noch rechtzeitig habe ich das erkannt. Seither ist vieles anders, und ich bin eine völlig andere. Mein Ego spielt jetzt nicht mehr die erste Geige. Daß es mir jemals gelingen wird, meinen Egoismus zu überwinden, hätte ich früher wohl selbst nie für möglich gehal-

*Höheres psychosoziales Funktionsniveau bezieht sich in diesem Zusammenhang auf das Vorhandensein und den Ausprägungsgrad von Ich-transzendenten Persönlichkeitsmerkmalen wie: Wertschätzung anderen Mitmenschen gegenüber (Altruismus), Orientierung der eigenen Bedürfnisse (und deren Befriedigung) an sozialen bzw. ethischen Normen, übergeordneter Einstellungswertverwirklichung vor situativ ichbezogener Erlebniswertverwirklichung ...

ten. Inzwischen kenne ich den Grund. Obwohl ich immer davon überzeugt war, allein in materiellem Wohlstand glücklich sein zu können, war es kein wirkliches Glück, das ich auf diese Weise fand. Immer war auch die Angst dabei, mich selbst zu verlieren, einmal nicht mehr zu sein, die ich mit meiner Überheblichkeit einfach verleugnete. Da ich aber die Erfahrung machen durfte, wie beglückend es sein kann, mich selbst – gerade in einer so brenzligen Lage – freizugeben und ganz dem zu überlassen, was da kommen mag, habe ich diese Angst heute nicht mehr.

Seit meinem Unfall empfinde ich wieder dasselbe Glück, das ich zuletzt als Kind kannte: das Glück, einfach nur zu leben. Ich brauche mich nun nicht mehr ständig um meinen Vorteil zu sorgen. Das Leben selbst ist mein Vorteil. Es bietet mir täglich eine Fülle von Gelegenheiten, diese Erfahrung gerade im kleinen zu wiederholen. Führt mich das auch nicht immer in diese phantastische andere Welt zurück, so handelt es sich doch um keinen wesentlichen Unterschied. Das Erleben ist grundsätzlich das gleiche. Auch wenn ich einem Mitmenschen ein freundliches Lächeln schenke, spüre ich die Unabhängigkeit von meinem Ego immer wieder als den Gewinn der großen Freiheit, die ich erfahren habe, als mein Leben schon fast verloren war. Dieses Gefühl hat mich seither nicht mehr verlassen.«

Silvia spricht von der Fähigkeit, sich selbst im Angesicht des Lebens »loszulassen«, welche sie als die zentrale Lehre der Nahtod-Erfahrung benennt. Eine Lehre, deren Relevanz sich nicht ausschließlich auf lebensbedrohliche Ausnahmesituationen beschränkt, sondern die gerade in »banaler« Alltagsbewältigung ihre Berechtigung hat. Silvia hat verstanden, daß eine zwanghafte Selbstüberschätzung der direkteste Ausdruck nicht eingestandener Todesangst ist und für mangelndes Vertrauen zum

Leben unmittelbar verantwortlich zeichnet. Nachdem sie sich durch ihr Leben nicht mehr bedroht fühlt, erlebt sie sich täglich zum Einsatz der allgemein menschlichen Fähigkeit zur Ich-Transzendenz herausgefordert.

Daß viele Menschen Erfahrungen wie Silvia machen, ohne je in die Nähe des Todes gekommen zu sein, ist eine Tatsache, die erst allmählich die Richtung abendländischen Forschens beeinflußt.

Vieles scheint dafür zu sprechen, daß es sich bei der Phasenabfolge von Nahtod-Erfahrungen um ein fixes Datum der Evolution des Menschen handelt. Einer Evolution, die angesichts der ernsten Folgen menschlicher »Selbstveräußerlichung« im ausgehenden 20. Jahrhundert zu einer »Involution«, einer Weiterentwicklung des Menschen nach Innen umschlagen muß. Die Nahtod-Erfahrung als »Spezialfall« einer Transzendenz-Erfahrung, wäre dann zu Recht als Fähigkeit zu betrachten, die zugleich die Bestimmung der Menschen des 21. Jahrhunderts darstellt.

Wenn die Angst um ein allen Selbsterhaltungsansprüchen zu kurz geratenes Ich Menschen nicht mehr in immer waghalsigere (und rücksichtslosere) Akte irdischer Existenzbeweise treibt, kann der »Gang nach innen« gewagt werden.

Bedenkt man die gegenwärtige globale Häufung von Nahtod-Erfahrungen, bilden ihre Inhalte einen Wegweiser von nahezu kollektivem Ausmaß. Den Wegweiser für eine Reise weit hinter die engen Vorstellungsgrenzen eines furchtsamen Ich.

V Anwendung

Anwendungsgebiete

Das Anwendungsgebiet eines Totenbuches ist das Leben. Ob es darum geht, sich selbst besser kennenzulernen (Selbsterfahrung), besondere Lebenskrisen zu bestehen (Krisenintervention) oder im Umgang mit ernsten – physischen und psychischen – Erkrankungen »seine Gesundheit zu bewahren« (Therapie), die Aufgabe des Totenbuches besteht in der Erschließung neuer, heilsamer Perspektiven.* Insofern ist der Anwendungsbereich des Totenbuches universal.

Dennoch gibt es auch spezifische Indikationen bei Störungsbildern, die sich durch das Abhandenkommen eines erkennbaren Lebenssinnes auszeichnen (noogene Neurosen, noogene Depressionen), bei symptomatischen Reaktionen auf schwer belastende Lebenserfahrungen (posttraumatisches Syndrom), bei Beeinträchtigungen der Lebensqualität durch Körperbehinderungen bzw. als Folge chronischer Krankheitsverläufe sowie bei allen unmittelbar zum Tode führenden Krankheiten (beim Eintritt in finale Stadien).

Weitere medizinische Einsatzbereiche, in denen mit guten Resultaten zu rechnen ist, z.B. der Entspannung einer Patienten wie die für die Betreuer gleichermaßen belastende Situation, sind etwa Phänomene einer bemerkenswerten Bewußtseinsklarheit als Hinweis auf das bevorstehende Ableben (präfinales Syndrom – besonders

Gesundheit meint in diesem Zusammenhang nicht unbedingt das bloße Wiedererlangen eines symptomfreien Ausgangszustandes, sondern trotz aller Krankheit – eben an dieser vorbei – direkt zur Quelle personaler Heilung zu finden, um von dort aus in einer »gesunden Stellungnahme« zur Krankheit diese in jedem Fall zu besiegen.

bei Kindern und Jugendlichen), die Vorbereitung auf schwere chirurgische Eingriffe mit ungewissem Ausgang und Sterbebettvisionen bzw. fragmentarische oder vollständige Nahtod-Erfahrungen, die oft überraschend auftreten und meist zu einer erheblichen Verunsicherung des medizinischen – nicht selten auch des »geistlichen« (seelsorgerischen) – Personals führen.

Die primäre Indikation besteht schließlich – paradoxerweise – bei allen Arten von Selbstmordgefährdung (Suizidalität), sowohl bei akutem wie chronischem Auftreten. Hier hat sich keine andere Behandlung, weder psychotherapeutisch noch psychiatrisch medikamentös als ähnlich wirksam erwiesen wie die intensive Beschäftigung mit Nahtod-Erfahrungen.* Bei Zwischenfällen mit bewußtseinserweiternden Halluzinogenen (»Horrortrips«) übertrifft die emphatische Arbeit mit den Inhalten von Nahtod-Erfahrungen, im Rahmen einer psychotherapeutischen Krisenintervention, ebenfalls sämtliche psychiatrischen Interventionsmöglichkeiten, indem sie auf eine Integration des zumeist regressiven (das Bewußtsein überflutenden) Materials abzielt (Transzendenzerfahrung).

Bei Suchterkrankungen sowie unterschiedlichen, durch selbstzerstörerische (autoaggressive) Impulse gekennzeichnete, Störungsbilder bietet sich das Totenbuch als Ergänzung zu herkömmlichen (z.B. familiensystemischen) Therapieversuchen an.

Gut bewährt hat sich das Totenbuch zudem in der Fort- und Weiterbildung von Ärzten, medizinischem Personal und Seelsorgern.

Auch bei ersten Einsätzen in Bereichen sozialer Problemstellungen ist von beachtenswerten Effekten zu berichten. So haben Untersuchungen an inhaftierten

**Dies gilt gerade für besonders »schwierige Fälle«, die ohnedies keiner konventionellen Therapie zugänglich wären – z. B. suizidale Kinder und Jugendliche.*

Kapitalverbrechern, die selbst mit Nahtod-Erfahrungen konfrontiert waren, eine für solche Fälle untypische Veränderung des Sozialverhaltens (stärkere Orientierung an sozialen Werten, hin zu mehr Perspektivenverschränkung) ergeben, was wiederum Auswirkungen für eine mögliche Resozialisierung haben dürfte.

Auf solchen und vielen bislang noch gar nicht absehbaren Gebieten kann und wird gegenwärtiges bzw. zukünftiges interdisziplinäres Forschen noch so manche heilsame Perspektive für die Anwendung des Totenbuches eröffnen.*

Immerhin hat sich bereits ein in seiner Vielfalt fast unübersichtlicher Anwendungsbereich ergeben, weshalb auch diese Aufzählung letztlich unvollständig bleiben muß.

*Eine Vielzahl von Forschungsprojekten sind besonders im angloamerikanischen Raum mit der steten Ausweitung des Einsatzbereiches und dem Auffinden neuer Anwendungsfelder beschäftigt. Der aktuelle Stand internationaler Nahtod Forschung ist jederzeit über die Internationale Gesellschaft für Nahtod-Forschung zu erfragen. (Siehe Abschließend, S. 210).

Art der Anwendung

Das Totenbuch sollte in einer möglichst ruhigen, harmonischen Atmosphäre gelesen bzw. vorgelesen werden. Etwaige Störungen sind durch entsprechende Maßnahmen zu vermeiden. So wäre das zuständige Personal einer Station zu informieren und diesbezüglich zu instruieren, wenn der Einsatz im Rahmen eines stationären Aufenthaltes stattfindet.
Wird das Totenbuch als Ergänzung parallel zu einer psychotherapeutischen oder medizinischen Behandlung bzw. als palliative Maßnahme im Finalstadium einer Erkrankung verwendet, ist darauf zu achten, dieses Vorgehen mit allen anderen – mit demselben Patienten beschäftigten – Helfern abzustimmen. Demzufolge kommt der Arbeit mit den Angehörigen eine besondere Bedeutung zu. Sie sind unter allen Umständen direkt miteinzubeziehen, da sie es sind, mit denen sich der Patient in der Regel über Gedanken und Gefühle zum Totenbuch austauschen will.

Im klinischen Bereich ist die Arbeit mit dem Totenbuch somit immer auch Netzwerkarbeit, für die die bereits vorhandenen Ressourcen (Helferkonferenzen, Visiten, Stations- u. Teamsupervisionen, Fallbesprechungen u.a. genutzt werden sollten, um einen optimalen Erfolg für alle zu gewährleisten. Die Integration des Totenbuches in laufende Behandlungen hat entsprechend deren Grundsätzen und Mitteln zu geschehen, um jede gegenseitige Behinderung von vornherein auszuschließen.

Neben dem Vorlesen bietet das Gespräch über die Inhalte des Totenbuches eine gute Möglichkeit des Umgangs mit schwierigen, zwischen sich nahestehenden Menschen, oft tabuisierten Themen, und deren Verarbeitung.

Die Arten der Nutzung des Totenbuches sind ebenso vielfältig wie die Anwendungsbereiche und letztlich nur vom persönlichen Mut und den Fähigkeiten des Anwenders begrenzt.* Die Verwendung des Totenbuches für Kinder und Jugendliche (Der Tag, an dem Elias starb) sollte – besonders bei Kindern unter dem zehnten Lebensjahr – idealerweise gemeinsam mit deren wichtigsten Bezugspersonen und unter Berücksichtigung der am Beginn von Teil II angeführten Empfehlungen stattfinden.

Der eigentlichen Arbeit mit Kindern und Jugendlichen kann die thematische Vorbereitung der Bezugspersonen (Eltern, primär zuständige Pflegepersonen ...) anhand des ersten Teiles des Totenbuches vorausgehen. Intensive Aufklärung über Entstehung sowie Wirkungsweise des Totenbuches ist in jedem Fall unerläßlicher Bestandteil einer sicheren und erfolgreichen Anwendung.

Für die Selbsterfahrung mit Hilfe des Totenbuches stehen alle bekannten »Encountertechniken« zur Verfügung. Von themenzentrierter Selbsterfahrung über psychodramatisches Rollenspiel bis zu hypnoiden Phantasiereisen – einzeln oder in Gruppen – garantiert die Miteinbeziehung des Abendländischen Totenbuches eine Bereicherung, die sich neben der Vertiefung des individuellen Erlebens auch in einer zusätzlichen Belebung der Fähigkeit zu sozialer Perspektivenverschränkung niederschlägt.

Darüber hinaus bietet das Totenbuch jedem unvoreingenommen interessierten Leser vielfältige Anreize, eigene Standpunkte in Frage zu stellen und zu neuen Antworten auf – möglicherweise schon lange vernachlässigte – Fragen zu finden. Fragen, die ohnedies – im gemeinsamen Brennpunkt von Selbsterfahrung und Therapie – die Richtung menschlicher Bewußtseinsentwicklung weitaus maßgeblicher bestimmen, als gemeinhin zugegeben wird.

**Kenntnisse über imaginative Verfahren, Visualisierungen, neue Hypnose, Autogenes Training, geführte Meditation etc. können sehr hilfreich sein und die Wirkung zusätzlich vertiefen.*

Dosierung

Da eine Überdosierung aus naheliegenden Gründen unmöglich ist, kann und muß das Ausmaß der Beschäftigung mit dem Totenbuch ganz den Betroffenen überlassen werden. Um eine möglichst optimale Wirkung zu erzielen, hat jeder seinen Weg und das Tempo seiner Annäherung selbst zu erspüren bzw. zu bestimmen.

Allgemeine Vorgehensempfehlungen sind daher – besonders für die klinische Anwendung – gar nicht angebracht, vielmehr stellt die einfühlsame Unterstützung im Auffinden eines persönlichen Zuganges bereits eine erste, zumeist auch sehr wirksame, Intervention in der Verwendung des Totenbuches dar.

Gegenanzeigen

Keine.

Nebenwirkungen

Unerwünschte Nebenwirkungen sind ausgeschlossen.

Aufgrund der genannten Wirkungsvielfalt des Totenbuches läßt sich jedoch ein Einsatz nicht auf ein spezifisch intendiertes Ergebnis beschränken. Es ist viel eher damit zu rechnen, daß sich in jedem Einzelfall charakteristische Elemente des ganzen Wirkungsspektrum einstellen werden (siehe dazu: Die Nahtod-Erfahrung S. 24). Es muß auch beachtet werden, daß sich der »transformative Einfluß« einer Nahtod-Erfahrung auf die Persönlichkeit des Betroffenen über einen Zeittraum von fünf Jahren verstärkt, um dann auf dem erreichten Niveau erhalten zu bleiben.

Dasselbe gilt grundsätzlich auch für die Beschäftigung mit Berichten von Nahtod-Erfahrungen (in Abhängigkeit von der Intensität dieser Beschäftigung), was in der Planung jedes therapeutischen Einsatzes des Totenbuches berücksichtigt werden sollte. Das Totenbuch kann eine Kettenreaktion von Einstellungs- und Verhaltensänderungen auslösen, die nur im übergeordneten Zusammenhang einer Persönlichkeitsentwicklung zu verstehen sind.

Wechselwirkungen

Das Totenbuch kann unter Umständen die Wirkung anderer Behandlungsformen erheblich beeinflussen. Diese Beeinflussung kann von einer besseren Verträglichkeit (optimale Immunantwort) bis zur völligen Ablehnung einer spezifischen Behandlung durch den Patienten, reichen. In der Regel wird die Motivation eines Patienten sich auf eine sinnvolle – in personaler Atmosphäre* angelegte – therapeutische Maßnahme einzulassen und diese aktiv zu unterstützen, durch das Totenbuch merklich angeregt, während die Teilnahme an apersonalen »Alibibehandlungen«** nach der Auseinandersetzung mit dem Totenbuch oft verweigert wird.

**Als Ausdruck einer vertrauensvoll empathischen Arzt-Patient-Beziehung.*

***Behandlungen, die angesichts einer medizinisch nicht mehr steuerbaren Situation eher dem drohenden (funktionalen) Autoritätsverlust des Therapeuten bzw. Arztes entgegenwirken sollen, als daß sie den »dringend gebotenen« (personalen) Ansprüchen des Patienten genügen.*

Dementsprechend kann die Stärkung der persönlichen Autonomie als vorrangige Wechselwirkung des Totenbuches bezeichnet werden.*

Die eindeutige Bevorzugung der Person eines Menschen vor dessen »bloßer Funktion« – im Sinne einer kategorisch existentiellen Stellungnahme – wirkt sich allerdings in Form einer »öffentlichen Wechselwirkung« auch auf kollektiver Ebene aus. Ziele einer Gesellschaft – und die Mittel mit denen sie diese Ziele verfolgt – erscheinen vor dem Hintergrund des Totenbuches zumindest fragwürdig. Die allgemein verbreitete Verdrängung des Todes wird dann selbst als Symptom einer schweren soziokulturellen Erkrankung durchschaubar, die in längst chronifiziertem Verlauf »ihre Opfer« in die Isolation eines immer selbstzerstörerischer agierten »Ich-Wahns« treibt.

Dies zu erkennen hätte in der Tat vielerlei Folgen:

Wo eine Gesellschaft ihre unpersönlichen »high-tech-Burgen« baut, um das zu bekämpfen, was von den Wissenden aller Jahrhunderte und aller Kulturen der Menschheit größtes Glück genannt wurde, wäre dann auch das eine oder andere »Totenhaus« einzurichten, um wieder zu lernen, wie befreiend die Lehren des Todes für Leben und Sterben sind.

An Schulen würde die aufklärende Auseinandersetzung mit lebenstauglicheren Antwortmöglichkeiten die peinlichen Selbtinszenierungen der Ohnmacht einer überholten Religion ablösen, welche – in ihrer Tarnung als Religionsunterricht – schon viel zu lange intelligentes

Eine Wechselwirkung die nicht zu unterschätzen ist, bedenkt man die Tendenz der abendländischen Medizin, in den Bemühungen um die Gesundheit ihrer Patienten deren individuelles Menschsein – mit allen dazugehörigen Unzulänglichkeiten und Nöten – einfach zu übersehen.

Fragen und selbständiges Denken von Kindern in aberwitzigen Schuldgefühlen zu ertränken sucht.*

Selbst Priester hätten sich dann nicht mehr – unwirksame Selbstversicherungssprüche hersagend – als Seelsorger an den Betten der Sterbenden zu quälen, um sich schließlich selbst die Absolution von ihrem mangelnden Wissen über die Seelen der ihnen anvertrauten zu spendieren. Aus dem Totenbuch zitierend, hätten sie Sterbenden »wirksameren Trost« zu bieten. Die Wechselwirkungen des Totenbuches mit den traditionellen Arten der Todesverdrängung dürfen wahrlich nicht unterschätzt werden!

Gewöhnungseffekte

Längere, ununterbrochene Anwendung dürfte zu Gewöhnungserscheinungen führen, die sich unter anderem in zunehmendem Interesse für das Gebiet der Nahtod-Forschung und der entsprechenden Beschäftigung mit dieser Thematik äußern können.

*»*Das moderne Desinteresse« vieler Schüler am abstrusen, intellektuell kurzbeinigen Moralisieren ihrer zumeist selbst am Leben schwer gescheiterten »Religionslehrer« wäre dann schnell als höchst gesunder Widerstand aufgedeckt: Gegen den süßlich anmutenden Versuch, sich mit der »systematischen Verblödung« anderer eine fadenscheinige Lebensberechtigung zu erhalten, ohne sich je den eigenen Zweifeln und Ängsten stellen zu müssen. Religionsunterricht als Desertion vor dem Leben.*

Besondere Warnhinweise zur sicheren Anwendung

Besondere Warnhinweise sind aufgrund nicht vorhandener Gegenanzeigen und des völligen Fehlens negativer Nebenwirkungen nicht erforderlich. Dennoch sei abermals auf die Notwendigkeit hingewiesen, sich bei Parallelbehandlungen spätestens dann, wenn das Totenbuch zu ernsten Zweifeln an der Sinnhaftigkeit anderer Behandlungen führt, mit seinem Therapeuten bzw. Arzt zu besprechen.

Es sei auch angemerkt, daß selbst außerhalb aller Anwendungsempfehlungen keinerlei Risiken oder unerwünschte Effekte auftreten können. Die kontinuierliche Anwendung entsprechend den oben bereitgestellten Richtlinien garantiert jedoch eine maximale Wirkung. Einzig die vorurteilsbehaftete Skepsis einiger dogmatischer Vertreter* von Institutionen, die ihre Existenz durch das Totenbuch (berechtigterweise) in Frage gestellt sehen, könnte zum Gegenstand eines Warnhinweises werden.

Es ist in jedem Fall empfehlenswert, sich eine eigene Meinung zum Totenbuch zu bilden, ohne sich von den unbeholfenen Unkenrufen derer abschrecken zu lassen, denen das Totenbuch den Spiegel der eigenen Versäumnisse vorhält. Das Gespräch mit Menschen, die selbst eine Nahtod Erfahrung erlebt haben, ist dabei eine ausgezeichnete Gelegenheit die Bedeutung des Totenbuches kompetent zu erörtern. Die beeindruckende Verbreitung von Nahtod-Erfahrungen fördert diese Möglichkeit verantwortungsvoller Meinungsbildung.**

**Die sich – in der Regel äußerst schlecht informiert – selbst noch nie mit Phänomenen wie Nahtod-Erfahrungen auseinandergesetzt haben.*

***Nahtod-Erfahrungen sind mittlerweile so verbreitet, daß sich zumindest im weiteren Bekanntenkreis der meisten Menschen jemand befindet, der von einer solchen Erfahrung berichten könnte, würde man ihn darauf ansprechen.*

Textumfang und Gliederung

Die Länge der Texte wurde so bestimmt, daß zwar alle relevanten Informationen transportiert werden, beide Texte aber auch entsprechend ihrem Verwendungszweck – für Erwachsene und Kinder – in einem angemessenen Zeitraum zu bewältigen sind.

Die anhand der »klassischen« Stadien einer Nahtod-Erfahrung vorgenommene Gliederung dient der Übersichtlichkeit der Texte.

Länge und inhaltliche Gliederung haben sich auch in der therapeutischen Arbeit mit Menschen in späten Krankheitsstadien gut bewährt, so daß das Totenbuch selbst bei Auftreten massiverer Bewußtseinseintrübungen grundsätzlich einsetzbar bleibt.

HOTEL AM SEE

Die Forelle

9872 MILLSTATT

Telefon 0 47 66 / 20 50 · Fax 0 47 66 / 20 50 11

Teil I

Das Abendländische Totenbuch

für Margarete Winkler-Raith

Zum Geleit

Für die persönliche Anrede habe ich das Du gewählt, weil die Beschäftigung mit dem Mysterium des Todes eine derart intime ist, daß ich davon ausgehe, Du verfolgst dieses Unternehmen gemeinsam mit einer Dir nahestehenden Person. Falls Dir jetzt aber niemand zur Seite steht und Du Dich dazu entschlossen hast, der Fahrt der Seele ins Unbekannte alleine nachzuspüren, werde ich auf den Stationen dieser »Reise« Dein Begleiter sein.

Ob Du inmitten eines erfüllten Lebens nach Wesen und letzter Bestimmung des Menschen fragst oder ob Du selbst schon das Nahen Deines Todes erahnst, ob Du Dich von den »Dingen hinter den Dingen« noch auf seltsame Weise angezogen fühlst oder Dich nach dem Verlust eines Gefährten wieder die Sehnsucht nach Deiner vergessenen Heimat plagt, hier findest Du Antworten.

Antworten, die Dich von dem Ort erreichen, der einst Dein Ursprung war. Antworten, die Dir die Angst vor Deiner Rückkehr nehmen werden. Antworten schließlich, die Dir von jenen überbracht werden, denen es schon zu Lebzeiten gestattet war, einen Blick hinter die Bühne dieser Welt zu werfen.

Du wirst erleben, wie sich die Schleier des Todes ein wenig lüften – gerade weit genug, um auch Dir die Sicht auf das freizugeben, was Dich erwartet, wenn Du einst heimkehrst.

Erinnerung eines Glückes, das nicht in Worten faßbar ist, werden Dich anwehen und – wenn Du es erlaubst – auch etwas verändern. Du kannst dann verstehen, wie in der Verwechslung des Anfangs mit dem Ende aus Irrtum und Furcht Leid entsteht, das so viele an der Besonderheit des Menschen zweifeln läßt – außer denen, die ihre Erfahrungen auf diesen Seiten mit Dir teilen. Du wirst begreifen!

Die Stationen

Die einzelnen Stationen entsprechen den Berichten derer, die schon einmal in die Nähe des Todes gekommen sind. Ob auch Du sie einst alle in der Reihenfolge durchschreiten wirst, in der Du ihnen hier begegnest, bleibt Deinem individuellen Erleben überlassen, ist aber für das Wesen der Erfahrung kaum von Bedeutung. Bisweilen gelangen Menschen, ohne sich auch nur an eine einzige Zwischenstation erinnern zu können, ans Ziel ihrer Seelenfahrt. Oft wird eine Station mit unterschiedlichen Bildern assoziiert. Die häufigsten – in Schilderungen von Nahtod-Erfahrungen aufgetretenen – Erscheinungsformen werden im Kommentar zu jeder Station gesondert berücksichtigt. Darüber hinaus lädt Dich jeder Kommentar, zu einer Auseinandersetzung mit der jeweiligen Thematik ein, die in speziellen Übungen (im Anhang) noch zusätzlich vertieft werden kann.

Diese Übungen sind als Ergänzung zu den Stationen konzipiert und sollen dazu dienen, die Inhalte der jeweiligen Station – über das verstandesmäßige Erfassen hinaus – nachempfindbar zu machen. Die Übungen sind so verfaßt, daß Du sie zuerst lesen und dann entsprechend Deinen Vorlieben ausführen kannst. Verstehe dabei die »Anweisungen« als Vorschläge, die Du so zu verändern eingeladen bist, daß sie am ehesten zu der Art passen, in der Du es gewohnt bist, Dich mit Dir selbst mental zu beschäftigen.

Verfügst Du bereits über Kenntnisse bzw. Erfahrungen in Meditation, autogenem Training, Phantasiereisen oder ähnlichen imaginativen Verfahren, ist das eine gute Gelegenheit, zu Deinem persönlichen Nutzen die Übungen des Totenbuches in Deine bisherige Vorgehensweise einzubauen.

Alle Übungen können Dir aber auch einfach vorgelesen werden, weshalb sie sich – wie der Text des Totenbuches – persönlich an Dich wenden. Nutze in diesem Fall die dargebotenen »Wegweiser« als persönlich Angesprochener.*

Setze Dich aber keinesfalls selbst unter Druck, indem Du von Dir ein besonderes Geschick im Ausführen der Übungen erwartest. Laß die Anweisungen lediglich auf Dich wirken und sei offen für alle Antworten Deines Körpers und Deines Geistes, wenn Du von den Stationen des Weges hörst, den Du einst gekommen bist. Des Weges, den Du wieder beschreiten wirst, wenn Du Dich von Deinen irdischen Werken löst, um wieder der zu werden, der Du warst, bevor Du Dich in den eigenen Einschränkungen verloren hast und der Du trotz aller Verhüllung hinter Deinen Selbstbildern immer geblieben bist.

**Dies mag besonders für jene Menschen von Bedeutung sein, deren Allgemeinzustand schon so schlecht ist, daß eine selbständige Auseinandersetzung mit dem Totenbuch nicht mehr in Frage kommt. Es ist allenfalls darauf zu achten, daß der Betreffende eine – seinen Umständen entsprechende – möglichst angenehme Körperhaltung einnimmt und der Vorlesende sich in Lesegeschwindigkeit, Stimmlage und Paraphrasierung an den (zuvor abgesprochenen) verbalen und körpersprachlichen Rückmeldungen seines Gegenübers orientiert, weshalb sich für den Vorlesenden eine vorweggenommene Auseinandersetzung mit den jeweiligen Anweisungen empfiehlt.*

Die Umstände des Todes

Die Art und Weise, wie sich jemand in die Nähe des Todes »begibt« bzw. wie er dorthin gebracht wird, hat auf das »Erleben danach« selbst keinen Einfluß, wenngleich es »Todesarten« gibt, die (für den Fall einer Rückkehr des Betroffenen ins Leben) besonders klare Erinnerungen versprechen. So berichten Menschen, die beinahe ertrunken wären, nach einer erfolgreichen Wiederbelebung öfter von »kompletten« Nahtod-Erfahrungen, als solche die im Zuge einer längeren schweren Krankheit an den Rand des Todes kamen. Bei letzteren treten Fragmente von Nahtod-Erfahrungen öfters in Form sogenannter »Sterbebettvisionen« auf.

Auch bei Opfern von Unfällen (Verkehrs- bzw. Arbeitsunfällen ...), von Narkosezwischenfällen bei Operationen, von plötzlichen Herzattacken und anderen unvorhersehbaren Zwischenfällen kommt es häufig zu bewußten Erlebnissen in Todesnähe.

Unterhält man sich mit mehreren »Rückkehrern«, gewinnt man bald den Eindruck: Je spontaner und unerwarteter die Begegnung mit »der eigenen Sterblichkeit« stattfindet, desto natürlicher – und damit bemerkenswerter – fällt die Erinnerung an aufgetretene Nahtod-Erfahrungen aus.*

Besonders wichtig ist es mir, in diesem Zusammenhang darauf hinzuweisen, daß selbst diejenigen, die ihre Nahtod-Erfahrung als Ergebnis »beinahe geglückter« Selbstmordversuche machen, grundsätzlich mit den gleichen vorwiegend positiven Erlebnisinhalten rechnen dürfen, wie alle anderen auch. Gerade in diesem Zusammenhang wird aber immer wieder mit erhobenem

**Dieser Eindruck kann auch eine Folge der – aufgrund der erweiterten und schnelleren Einsatzmöglichkeiten moderner Notfallmedizin – deutlich gestiegenen Überlebenschancen bei Unfallopfern sein.*

Zeigefinger von negativen, erschreckenden Nahtod-Erfahrungen als Strafe für Selbstmordabsichten gesprochen (sogar von Forschern, die es eigentlich besser wissen sollten). Dies ist angesichts der vorliegenden Forschungsergebnisse ebenso ungerechtfertigt, wie es unter Berücksichtigung der inhaltlichen Offenbarungen dieser »Lehren aus einer anderen Welt« moralisch verwerflich ist. Überhaupt spricht einiges dafür, daß es nichts anderes als der Widerstand gegen die Erfahrung selbst ist, der diese zu einem unliebsamen Erlebnis werden läßt. Zumindest an den ersten drei Stationen kann unbeirrtes Festklammern an dem, was man eigentlich loslassen sollte, bis zu derartigen Höllenerfahrungen führen, wie sie bisweilen von Menschen berichtet werden, die sich mit allen Mitteln gegen ihren bevorstehenden Tod gewehrt haben.

Wenn also die Nahtod-Erfahrungen mancher (bei weitem nicht aller!) »Selbstmörder« von stark negativen Aspekten bestimmt werden, so dürfte das auf deren häufiges Unvermögen zurückzuführen sein, das freizugeben, was sie zu ihrer Verzweiflungstat getrieben hat. Aber auch für sie gilt, was unzählige Schilderungen von »Zurückgekehrten« belegen: Jeder erfährt in der Nähe des Todes das, was ihm in seiner geistig-seelischen Entwicklung am meisten hilfreich ist. Jede Nahtod-Erfahrung beantwortet in spiritueller Unterweisung die drängendsten Lebensfragen und ist damit Ausdruck sehr persönlicher Bedürfnisse.

I. Station: »Wohltuende Dunkelheit« – Ein Ort der Ruhe und Sicherheit

Aus welchen Lebensumständen heraus Du Dich auch immer Deinem Tod näherst, wenn Dich Deine irdischen Sinne verlassen und Du in jene dichte Dunkelheit eintauchst, die – wie ein von keinem Blick zu durchdringender Vorhang – auf alles fällt, was eben noch Dein Leben war, empfindest Du zuerst das unbeschwerte Glück tiefen Friedens.

Die friedvolle Stille eines Ortes der Ruhe und Sicherheit findest Du noch in Dir selbst, in Deinem sterbenden Körper. Du erreichst einen Ort, der – von keinem irdischen Geschehen, keiner Krankheit, keinen Schmerzen je erreichbar – schon immer ein Quell der Freude war, die Du fühltest, wenn Du im Leben auf Wahrnehmungen trafst, von denen Du Dich im Innersten berühren ließest.

In der Abgeschiedenheit dieses Erlebens legst Du alles ab, was Dich belasten könnte. Waren starke Schmerzen die unwillkommenen Begleiter Deines vermeintlichen Todeskampfes, wurdest Du von einem sinnlosen Unfall mitten aus drängenden Verpflichtungen gerissen oder hattest Du Dich von geliebten Menschen zu verabschieden, die gerade in diesen Augenblicken Deinen Beistand nötig gehabt hätten: Hier vermagst Du loszulassen!

In heiterer Gelassenheit entgleiten Dir die Gründe Deiner Leiden und Ängste. Du ahnst bereits eine Wahrheit, deren Licht die Phantome menschlicher Täuschungen für immer vertreibt. Frei von allen Schmerzen und Behinderungen fühlst Du Dich glücklich und unbeschwert.

In diesem Zustand tiefen Wohlbefindens denkst Du nicht an den Tod. Du machst Dir keine Gedanken darüber, ob Du die Schwelle ins Unbekannte schon überschritten hast oder ob Dir ein gnädiges Delirium die letzten Stationen des Verfalls deines physischen Körpers erspart. Du machst Dir tatsächlich gar keine Gedanken, sondern läßt aufkommende Gedanken vorbeiziehen wie Wolken an einem blauen Himmel, ohne Ihnen zu folgen, ohne dadurch vom Genuß des Augenblickes abgelenkt zu werden.

Dein Körper ist ebenfalls kein Gegenstand besonderer Aufmerksamkeit. Wie zeit- und raumlos bist Du aufgehoben in bloßem Sein. Einem Sein, das Dir unberührt von den Turbulenzen Deiner irdischen Existenz als Rückzugsmöglichkeit sowie als Stätte der Erholung seit jeher zur Verfügung steht. Du erreichst die Stille, die Dich hinter dem Lärm des Alltags erwartet, um Dich gleichmütig in ihre Unbegrenztheit aufzunehmen.

Du fühlst Dich so wohl wie schon lange nicht mehr. So wohl, wie Du Dich womöglich noch nie gefühlt hast.

Ohne dabei auf körperliche oder äußere Bedingungen angewiesen zu sein, erfährst Du einen Zustand völliger Sorglosigkeit, eingebettet in berauschender Freude über das Glück, ausschließlich Du selbst zu sein.

Auf Deinem Rückzug aus der Welt, die Dir solange als Bühne unterschiedlichster oft widersprüchlicher Selbstinszenierungen gedient hat, deren letztes Ziel nichts anderes denn der Versuch einer Beantwortung der Frage nach Deinem wahren, letzten Wesen geblieben ist, bist Du nun, da Du vielleicht schon jede Hoffnung auf eine Lösung Deines Welträtsels aufgeben mußtest, endlich dort angekommen, wo sich Dir eine Wahrheit offenbart, die Dich in ihrer Schlichtheit fast beschämt. Nichts war Dir je näher als das, was Du zeitlebens in den verborgensten Weiten Deiner Welt zu finden dachtest. Wie jemand, der sich auf der Suche nach seiner Brille zur genauen Inspektion aller in Frage kommenden Oberflächen gerade jenes Sehbehelfes bedient, den er gar nicht von der Nase nahm, war der Gegenstand Deiner Suche schon immer mit dem Suchenden identisch. Niemand kann wiederfinden, was er nicht verloren hat. Wie die Oberfläche eines ruhigen Gewässers spiegelt Deine zur Ruhe gekommene Seele Dein Antlitz erstmals ungestört von den »Einschlägen« der Welt.

Kommentar

Die oben beschriebenen Eindrücke der ersten Station gehören zu den von »Rückkehrern« am häufigsten berichteten Elementen der Nahtod-Erfahrung. Unabhängig von den Umständen, die zu einer Nahtod-Erfahrung führen, bilden sie in der Regel den Ausgangspunkt einer solchen »Reise«. Obwohl es sich hier bereits eindeutig um eine metaphysische Erfahrung handelt, die bisweilen mystisch – spirituelle Selbsterkenntnisse von erstaunlicher Klarheit und inhaltlicher Reichhaltigkeit freisetzt, befindet sich der Protagonist noch in seinem Körper, wenn auch in einem Zustand tiefer Versenkung.

Die Inhalte dieser Station beziehen sich zumeist auf die Art und Weise, wie der Mensch inmitten seiner Weltbezüge den Kontakt mit seinem eigentlichen Wesen verliert, wie dieses aber als »reines Ich« weiterhin (von wechselnden Selbstbildern und -darstellungen unbemerkt) allem Erleben zugrundeliegt und wie alleine dies zu erkennen in die Glückseligkeit eines freien, von Leiden nicht erreichbaren Seinsmodus führt.

Von entscheidender Bedeutung ist dabei, daß diese Inhalte als reine Erfahrung und nicht kognitiv – über den rationalen Verstand – transportiert werden. So ist es nicht weiter verwunderlich, wenn Menschen, denen es vergönnt war, eine derartige Erfahrung zu machen, oft erst viel später deren Bedeutung bewußt begreifen. Einschneidende Veränderungen der Lebensführung sind gewöhnlich die bleibenden Folgen einer solchen Bewußtseinserweiterung.

Die Erfahrung dieser Station entspricht wohl am ehesten der kontemplativen Selbstbesinnung, wenn es gelingt, in tiefer meditativer Versenkung alle weltlichen Belange loslassend, in völliger Hingabe an den eigenen innersten Grund, Einsichten in Zusammenhänge zu erlangen, die dem normalen Alltagsbewußtsein verborgen bleiben.

Auch die absolute Entspannung einer intensiven hypnotischen Trance gewährt bisweilen ähnliche Wahrnehmungen.

In gleicher Weise erzählen Hochleistungssportler von »kosmischen Augenblicken«, wenn sie in einem körperlichen Kraftakt bis an die Grenzen ihrer physischen Belastbarkeit gehen, um zwischen Erschöpfung und Ekstase jenes transzendente Erlebnis zu finden, worin sie ihre Körperbezogenheit überwinden.

Zusammenfassend handelt es sich bei dieser ersten Phase der Nahtod-Erfahrung um das Gewahrwerden einer tiefen, von keinem Leid behinderbaren, Ruhe, in der sämtliche »irdischen Belange und Beschränkungen« losgelassen werden können. Dieses erste Stadium der Nahtod-Erfahrung ist gleichzeitig auch das letzte innerhalb eines Körpers, der in unmittelbarer Folge verlassen wird.

II. Station: Das Verlassen des Körpers

Noch ganz im Erleben der Ruhe und des Friedens versunken, allen irdischen Unannehmlichkeiten, körperlichen Gebrechen, Schmerzen entrückt, ohne Bedürfnis nach einer Veränderung, nimmst Du unvermittelt etwas wahr. Sinneseindrücke: Geräusche ... Licht ... Stimmen ... Bilder ... zuerst undeutlich, dann klarer, schließlich fest umrissen.

Du bist hellwach! Nichts hat sich verändert. Nichts? Doch, etwas. Aber das fällt Dir nicht sofort auf. Du blickst Dich um. Alles beim alten? Fast alles! Die gleiche Umgebung. Die gleichen Menschen, die Du gesehen hast, bevor Du ... ja, was eigentlich? Das Bewußtsein verloren hast? Nicht wirklich. Seltsam! ... Du wunderst Dich nun doch ein wenig. Fragst Dich, was eigentlich mit Dir geschehen ist. Bemerkst erst an dieser Frage das vage Gefühl einer Abweichung, das Dich unmerklich beschlichen haben muß.

Aber was ist anders? Dieselben Menschen jedenfalls

sind noch immer anwesend, tun dieselben Dinge wie zuvor, beschäftigen sich mit jemandem, der daliegt, ohne sich zu bewegen.

Du näherst Dich. Sie kämpfen um sein Leben. Jetzt siehst Du ihn besser, wie er regungslos ... Moment! Du erschrickst. Du kennst ihn. Nein: Du erkennst Dich selbst! Du erschrickst noch einmal, weil Du Dich nicht heftiger erschrocken hast. Und überhaupt! Hier stimmt so einiges nicht!

Warum nimmst Du jetzt eigentlich alles von oben wahr? Aber zuerst diese Menschen aufhalten, die da um Dein Leben kämpfen, wo Dir Doch gar nichts fehlt! Stimmt, Du fühlst Dich immer noch großartig. Genaugenommen sogar noch großartiger! Du kannst Dich ungehindert bewegen, bist völlig schmerzfrei, kannst offensichtlich zur Decke schweben ... schweben?! Alles Dinge, die nicht unbedingt selbstverständlich waren, bevor Du ... ja, was eigentlich?

Verwirrung und Begeisterung halten sich die Waage. Höchste Zeit, Dich jetzt den anderen zu erkennen zu geben, deren Sorge um Dein Wohlergehen Dich in Anbetracht Deiner nunmehrigen Sorgenfreiheit beinahe peinlich berührt.

Wie es möglich ist, sich im selben Raum gleich zweimal aufzuhalten, ist Dir zwar immer noch nicht erklärlich, hinterläßt auch eine leise Beklommenheit, die Deine Verlegenheit nicht gerade beseitigt ... zunächst gilt es jedoch, die Anwesenden von Deinem faktischen Wohlbefinden in Kenntnis zu setzen.

Wie die sich wundern werden! Was mag nur geschehen sein? Dir ist, als wäre da noch eine Kleinigkeit. Egal, später! Vorerst keine weiteren Gedanken an bzw. über dieses eigenartige ... stop! ... Zuerst die anderen, die immer noch verzweifelt versuchen, Dir zu helfen.

Also wirklich! Warum haben die eigentlich nicht längst bemerkt, daß Du gar nicht ...? Zu beschäftigt, natürlich.

Natürlich, aber ...! Da ist noch etwas. Etwas, das mit der ungewohnten Art Deiner Bewegungen zu tun haben muß. Endlich stehst Du vor dem ersten Helfer.

Mag sein, daß Du ihn persönlich kennst. Vielleicht ist es ein Arzt, der sich besonders für Dich eingesetzt hat, ein Angehöriger, der um Dein Leben bangt, ein Fremder, den der Zufall als Helfer bestimmt hat. Das spielt jetzt keine Rolle. Du versuchst ihm zu erklären, daß es Dir gut geht, daß kein Grund besteht, seine Bemühungen fortzusetzen.

Er reagiert nicht. Überhaupt nicht! Er scheint Dich nicht einmal bemerkt zu haben. Mit den übrigen geht es Dir nicht anders. Keiner, der sich überzeugen läßt. Keiner, der sich für Dein Plädoyer wenigstens interessiert. Keiner, der Dich sieht! Du bist tot! Diese Erkenntnis trifft Dich wie ein Keulenschlag.

Du stehst neben Deinem leblosen Körper und versuchst Menschen, die Dich nicht sehen können, davon zu überzeugen, daß es Dir gut geht. Du mußt gestorben sein! Und es geht Dir wirklich gut? Sehr gut sogar! So gut wie noch nie!

So ist es also, tot zu sein. Du hast davon gehört, aber nie daran geglaubt, es nie ernsthaft in Betracht gezogen. Menschen, die behaupten, schon einmal beinahe gestorben zu sein. Unsinn. Tot ist tot! Da ist noch keiner zurückgekommen! Wollte wahrscheinlich auch noch keiner zurück – ein Gedanke, der sich vorwitzig unter Deine kritischen Erwägungen geschlichen hat und Dich angesichts Deiner, für einen Toten überraschenden, Befindlichkeit tatsächlich erheitert.

Tot ist Tot. Ist schon immer so gewesen ... und Du stehst immer noch neben Deinem leblosem Körper und hast gerade noch Menschen, die Dich nicht sehen können, davon zu überzeugen versucht, daß Dir nichts fehlt. Und wenn es ein Traum ist? So »wach« hast Du noch nie geträumt. Du weißt, daß es kein Traum ist. Du bist gestorben!

Das erklärt dann natürlich einiges: Die Schwerelosigkeit, das Schweben, daß es Dich nun zweimal gibt, dieses einzigartige Gefühl neuer aufregender Möglichkeiten, die Dich bereits merklich in Versuchung führen, sowie der Umstand Deiner Unsichtbarkeit Lebenden gegenüber.

Am erstaunlichsten aber findest Du die Abwesenheit jeglicher Schmerzen mitsamt den körperlichen Einschränkungen, die Dich in der Vergangenheit oft genug geplagt haben. Kunststück – ohne Deinen Körper!

Ohne Körper? Zögernd blickst Du an Dir hinab. Da ist ein Körper! Ein Körper? Auf den ersten Blick siehst Du etwas wie eine helle Wolke. Dann, bei genauerer Betrachtung, erkennst Du die groben Umrisse eines menschlichen Körpers. Eines Körpers, der nicht aus Fleisch und Blut sondern aus Licht zu bestehen scheint. Ätherisches Leuchten, das von einem lichtdurchpulsten Äderwerk ausgeht, welches Deine neue Gestalt als helles Geflecht durchzieht, erzeugt ein anmutiges Farbenspiel und verstärkt den Eindruck eines lebendigen Energiefeldes.

Gebannt untersuchst Du Deine Hände, die zwar in ihrer Form Deinen irdischen Händen ähneln, mit ihrem transparenten Glanz und ihren fließenden Bewegungen aber wie dienstbare Geister aus einem orientalischen Märchen wirken.

Obwohl die anderen Extremitäten ebenfalls denen Deines verlassenen Körpers entsprechen, ist die neue Art der Fortbewegung eine »von Grund auf« andere, wie Du bereits feststellen konntest, als Du die Helfer davon abhalten wolltest, sich um die Wiederherstellung Deines alten Körpers zu bemühen.

Ob Du wohl ...? Ein plötzlicher Einfall läßt Dich noch einmal an die in ihren Wiederbelebungsversuchen mittlerweile immer verzweifelter Agierenden herantreten. Herantreten? Heranschweben! – in einigen Zentimetern

Höhe gleitest Du über den Boden. Du befindest Dich jetzt unmittelbar vor demjenigen, der – Dir am nächsten – selbst am wenigsten in die Anstrengungen der anderen eingebunden ist, die er sorgenvoll bei ihrem Tun verfolgt. Dieses Mal sagst Du nichts.

Ein eigenartiges Gefühl, direkt vor einem Menschen zu stehen, der – ohne auch nur die geringste Notiz von Dir zu nehmen – unbefangen durch Dich hindurch schaut. Langsam streckst Du Deinen Arm nach ihm aus. Gleich berührst Du seine Schulter. Nichts! Keine Berührung, keine Reaktion, gar nichts! Deine Hand fährt ungehindert durch ihn hindurch.

Unglaublich! Ein Schritt (?!) ... noch einer ... Du bist Durch ihn hindurch geglitten ... zuerst die Hand und jetzt Du ... ohne jeden Widerstand! Hast Du nicht einmal gelernt, daß sich zwei Körper nicht zur gleichen Zeit am gleichen Ort aufhalten können? Das gilt wohl nicht für Tote. Du bist gestorben! Wieder und wieder mußt Du Dich selbst an diesen Umstand erinnern. Wieder und wieder bist Du versucht das zu vergessen.

Vielleicht gibt es ja doch noch eine andere – natürlichere – Erklärung ...? Es gibt keine. Du weißt es. Ja, Du weißt es. Aber warum macht es Dir nichts mehr aus, warum verzweifelst Du nicht an dieser Hinterlist Deines Schicksals? Gerade jetzt ... so unvorbereitet ... so voller guter Vorsätze für die Zukunft ... warum ausgerechnet jetzt?

Warum will es Dir nicht recht gelingen, Dich dieser aussichtslosen Anklage des Unvermeidlichen, des Unabänderlichen so vorbehaltlos wie selbstmitleidig anzuschließen? Woher kommt dieses inzwischen schon leidenschaftliche Bedürfnis, alle Möglichkeiten Deines neuen Körpers endlich kennenzulernen, um sie in der Folge lustvoll auszureizen? Woher kommt nur diese Unternehmungsfreude!?

Daß Du bereits nach wenigen Augenblicken als Toter

so abenteuerlustig sein sollst, wie seit langem nicht mehr in Deinem Leben, mutet Dich nicht weiter befremdlich an. Überhaupt fällt Dir die Leichtigkeit auf, mit der es Dir gelingt, Dich auf diese außergewöhnliche Situation einzustellen. Als wäre Dir das alles gar nicht so neu.

Du überlegst, zögerst, schließlich gibst Du Deiner Neugierde nach. Du verläßt den Schauplatz »Deines Sterbens«, läßt Deinen Körper so selbstverständlich zurück wie ein Verkehrsmittel, dem Du entstiegen bist, nachdem es Dich am Ziel abgesetzt hat. Am Ziel? Noch nicht ganz. Aber die letzte Strecke »schwebst Du zu Fuß«.

Vergleiche mit Deinem zurückliegenden, indes noch so gewohnten, Leben amüsieren Dich bereits.

Du gehst hinaus, streifst umher, siehst Dich um, triffst auf Menschen, hältst Dich in fremden Räumen auf, die Du durch Wände betrittst und nimmst als unsichtbarer Gast Anteil am Leben anderer.

Niemand bemerkt Dich. Niemand spricht Dich an. Inmitten geschäftigen Treibens bist Du doch mit Dir alleine. Das stimmt Dich nachdenklich, aber nicht traurig: Wie ein Kaufmann, der nach Ladenschluß auf einer letzten Runde durch sein Geschäft noch einmal nach dem Rechten sieht, bevor er abschließt und nach Hause geht.

Es gibt da einen Ort, der Dir immer besonders lieb war: In den Bergen, am bewaldeten Rand eines Sees mit einem Ausblick über schroffe Bergrücken und sanfte Hügelketten; Ein Ort an dem Du wie nirgends sonst, im Einklang mit der Natur, die Zeit sowie die Hektik deines Lebens vergessen konntest. Dorthin willst Du jetzt! Kaum ist Dir das klar, erkennst Du auch schon die Gipfel der Berge, wie sie sich schwerfällig über dichten Wäldern erheben, den tiefblauen Himmel erreichen, der auf der Oberfläche »Deines« Sees mit den Reflexionen der Sonne spielt.

Eine neue Fähigkeit! Fast bist Du zu aufgeregt, um die Erfüllung Deines Wunsches sogleich entsprechend würdigen zu können. Du brauchtest Dir diesen Platz nur vorzustellen – im selben Augenblick hattest Du ihn erreicht! Hin und her gerissen zwischen Verweilen und mit der Geschwindigkeit Deiner Gedanken weiterzureisen, zögerst Du. Wenn Du es nicht selbst erlebt hättest ... Ist es auch sicher kein Traum? ... Ganz sicher nicht? ... Ganz sicher! ... Das hier hat nichts mit einem Traum zu tun! ... Woher nimmst Du diese Gewißheit? ... Schwer zu sagen, aber zweifellos verfügst Du in Deinem neuen Körper über ein Wissen, welches nicht mehr als das Resultat »gewöhnlichen« Denkens zu betrachten ist ... Ein neuer Sinn hat sich aufgetan, dessen Eindrücke Du erst allmählich erfaßt.

Was nun? Ein Gedanke, der schon die längste Zeit darauf wartet, in Dein Bewußtsein vorgelassen zu werden, macht sich ungeduldig erneut bemerkbar.

Es ist soweit. Behutsam erscheint das Bild eines Menschen, der Dir mehr als jeder andere bedeutet – mehr als Du Dir selbst bedeutest, den zurückzulassen Dich mit unerträglichem Schmerz erfüllen müßte – eines Menschen, den Du liebst. Seinem zum Leben erwachenden Gedankenbild widmest Du Deine ganze Aufmerksamkeit. Es geht wieder los! ... Die Landschaft schwindet, löst sich auf, verklingt wie der letzte Ton einer Melodie ... mit ihr alle Wahrnehmungen, Geräusche, Gerüche, Empfindungen ... eine andere Umgebung löst sie ab ... ebenfalls bekannt, sehr bekannt! ... Du siehst die geliebte Person ... Sie weiß es noch nicht ... Man hat sie noch nicht verständigt ... Du versucht diesmal nicht, Dich bemerkbar zu machen. Ohne Deine Gegenwart zu ahnen, geht sie ihrer Beschäftigung nach, verrichtet die selben Tätigkeiten, deren Zeuge Du schon so oft gewesen bist. Noch nie waren Dir Kleinigkeiten so wertvoll.

Mit zärtlichem Interesse verfolgst Du jeden Handgriff. Noch nie hast Du Deine Liebe so unverhüllt empfunden.

Noch nie hast Du den anderen so selbstlos betrachtet. So absichtslos, ohne jeden Vorbehalt bist Du mit allen Sinnen – auch den neuen – darin versunken, diesen Menschen so aufzunehmen, wie er ist. Sogar ohne Wehmut! Letzteres überrascht Dich vielleicht am meisten. Daß Du niemals wieder mit ihm sprechen, ihn berühren sollst, scheint keinerlei Bedeutung zu haben?! Jedenfalls kümmert es Dich gegenwärtig so gut wie überhaupt nicht.

Als wäre da etwas weitaus Bedeutungsvolleres. Etwas wie ein Versprechen ... eine Gewißheit ... daß nichts verloren geht? ... Muß auch irgendwie mit Deinen neuen Sinnen zusammenhängen ... so viele Ahnungen ... wie das Dämmern eines unerhörten Wissens ... Da! Eine abrupte Veränderung. Was geht da vor? Du bist nicht sicher. Schon wieder! Plötzlich siehst Du es. Schräg über Dir!

Kommentar

Der Austritt aus dem Körper erfolgt zumeist spontan. Was den »Austrittsort« betrifft (der Stelle am Körper an welcher der Austritt geschieht), dem besonders in östlichen Traditionen hohe Bedeutung beigemessen wird, läßt sich anhand der Ergebnisse der Nahtod-Forschung wenig sagen. Im Zuge von Nahtod-Erfahrungen bemerken Menschen den Austritt aus dem Körper in der Regel erst, wenn dieser bereits vollzogen wurde. Die meisten vermögen nicht zu sagen, wie sie aus dem Körper ausgetreten sind.

Einige berichten zwar durch den Kopf, andere, durch den Bauch ausgetreten zu sein, wieder andere beschreiben, sich entlang des ganzen Körpers von diesem abgelöst zu haben. Solche Schilderungen sind aber eher selten und ergeben kein einheitliches Bild.

Insgesamt scheint der »Austrittsort« von keiner vorrangigen Bedeutung für das Erleben der Nahtod-Erfahrung – bzw. ihre Phasenabfolge – zu sein.

Sehr viel mehr Übereinstimmung besteht hinsichtlich des Umstandes, daß die meisten nach dem Austritt aus ihrem Körper nicht davon ausgehen, gestorben zu sein, ja, sich nicht einmal in der Nähe des Todes wähnen. So wird die überwältigend gute Befindlichkeit nach dem Austritt zuerst als wiedererlangtes körperliches Wohlbefinden verstanden, selbst wenn verschiedene, sehr eindeutige Wahrnehmungen einer solchen Interpretation massiv widersprechen.

Sogar die »Begegnung« mit dem eigenen leblos zurückgelassenen Körper reicht alleine zunächst nicht aus, »Betroffene« von einer dramatischen Veränderung ihrer Verfassung zu überzeugen. Erst die Konfrontation mit anderen Menschen bewirkt vielfach die entscheidende Einstellungsänderung.

Wenn Helfer, medizinisches Personal, Angehörige u.a. – sich allen Kontaktversuchen verweigernd – in keiner Weise auf die Anwesenheit derer reagieren, die vergeblich versuchen, sich bemerkbar zu machen, wird diesen schließlich klar, daß »nicht alles beim alten ist«. Interessant ist vor allem, daß diese ersten Kontaktversuche fast immer dem Zweck dienen, die Helfer davon zu überzeugen ihre Wiederbelebungsversuche einzustellen. Sogar nachdem der »Protagonist« einer Nahtod-Erfahrung an den Reaktionen der Helfer (bzw. am Ausbleiben entsprechender Reaktionen) erkannt hat, daß er stirbt, kommt es noch häufig zu weiteren, nicht selten weit energischeren – wenngleich ebenso erfolglosen – Versuchen, die Wiederbelebung des sterbenden physischen Körpers zu verhindern.

Zu verlockend ist es, in diesem Zustand absoluter Freiheit von Schmerzen, und allen anderen Arten körperlicher Einschränkungen, zu verbleiben und die mit dieser überraschenden Existenz verbundenen neuen Fähigkeiten (die sich hier bereits einstellen) genußvoll »auszuleben«.

Bildet diese Begeisterung ein gemeinsames Element zahlreicher Nahtod-Berichte, ist doch die Wahrnehmung des »neuen Körpers« selbst bisweilen unterschiedlich. Oft bleibt diese Wahrnehmung alleine auf das Empfinden beschränkt, oft kommt es lediglich zu Teilansichten – z.B. der Hände.

In verschiedenen Darstellungen werden voneinander abweichende Bilder gezeichnet. Das Spektrum reicht von einem sehr irdisch anmutenden kräftigen jungen Körper bis zur formlosen Energiewolke.*

Geht es um das außerordentliche Potential des neuen Körpers, gleichen sich die Aussagen der »Zurückgekehrten«.

Tatsächlich scheint die Lust, die man angesichts der neuen Möglichkeiten empfindet, die beste Garantie für das unkomplizierte Voranschreiten der Nahtod-Erfahrung zu sein. Ohne an inzwischen (in diesem Stadium) irrelevanten bzw. »überlebten« Vorstellungen festzuhalten (und damit die Dynamik der Nahtod-Erfahrung zu behindern), ist man befähigt, sich vorbehaltlos dem Erleben neuer Perspektiven zu überlassen und die daraus gewonnenen Einsichten in das Wesen der Beziehung zwischen Mensch und »Wirklichkeit«, als grundlegende Erkenntnisse für den Umgang mit den eigenen Lebensinhalten zu begreifen.

In dem Zusammenhang zeigt sich bereits in dieser frühen Phase ein für Nahtod-Erfahrungen bezeichnender Aspekt: Die vollkommene Unvoreingenommenheit der Auseinandersetzung mit den Inhalten der Erfahrung.

Die meisten Menschen scheinen in der Lage zu sein, sich mit »zunehmender Todesnähe« beeindruckend schnell von Überzeugungen, Einstellungen und letztlich auch von personalen Wertehierarchien zu lösen, die doch gerade noch ihr Leben bestimmt haben.

Der Schluß, daß eine Situation, die so ungewöhnlich wie einzigartig ist, zugleich auch bedrohlich sein müßte, liegt auf der Hand. Zeigt es sich doch oft genug in weitaus »unbedenklicheren« Lebenslagen, wie inflexibel viele Menschen reagieren,

**Hier gilt es zu bedenken, daß alle Beschreibungen von Erfahrungen außerhalb des Körpers letztendlich doch wieder dieses Körpers bedürfen, der aufgrund seiner Sinne und Ver-arbeitungsmuster einen Wahrnehmungsfilter darstellt, mit dessen Hilfe diese Erfahrungen gleichsam in körpergebundenes individuelles Denken und Vorstellen zurückübersetzt werden. Oder wie es einmal jemand nach dem Interview bezüglich seiner Nahtod-Erfahrung ausgedrückt hat: »Die Sprache kann nur einen bescheidenen Eindruck von dem vermitteln, was alle menschliche Vorstellungskraft sprengt. Meine Worte und Bilder sind nur sehr unzulängliche Hilfsmittel, das zu beschreiben, was ich nicht mit meinen irdischen Sinnen erlebt habe, so daß es mit irdischen Sinnen erfaßbar ist. Eigentlich ist das unmöglich ...« Um so erstaunlicher sind die weitgehenden Übereinstimmungen einer derart unüberschaubaren Vielzahl protokollierter Fälle.*

wie erst nach dem – gar nicht selten schmerzhaften – Scheitern sämtlicher gewohnter Betrachtungsweisen bzw. Verhaltensmuster neue, bislang ungeübte Bewältigungsstrategien überhaupt erst zögernd in Betracht gezogen werden.

Da sollen dieselben Menschen, die schon bei geringfügigen Unregelmäßigkeiten des Alltäglichen allen Veränderungen ängstlich aus dem Wege gehen, mit einem Mal der finalen – damit radikalsten – Infragestellung jeder konventionellen Weltanschauung gelassen und mit leeren Händen entgegentreten?

Höchst unwahrscheinlich. Und dennoch ist es so – genau so. Mit leeren Händen, d.h. unter Verzicht auf die letzte Sicherheit argumentierbarer Standpunkte, gelingt es unvermutet vielen, sich nicht nur einer Vielfalt verblüffender Eindrükke zu öffnen, sondern diese sogleich zur Verwirklichung abwechslungsreicher Erlebniswerte zu nutzen.

In entsprechenden Ausführungen stößt man häufig auf Angaben zu einer erhöhten Reichweite des intuitiven Erfassens. Die Rede ist von einem neuen Sinn, der einen viel direkteren Zugriff auf Wissen erlaubt, das mit dem Verstand nicht mehr erreichbar bzw. verstehbar ist. Wissen, das sich zuerst wie mit leiser Stimme meldet, wie fernes Ahnen übergeordneter Zusammenhänge.

Viele sprechen – ohne es eindeutiger benennen zu können – von einem Wiedererkennen, viele erleben dieses Gefühl als Quelle einer mit nichts Bekanntem zu vergleichenden Sicherheit. Viele, aber nicht alle. Einigen gelingt es nicht, ihr bislang bevorzugtes Selbstverständnis auf seine Relevanz für die veränderten Bedingungen zu hinterfragen. Sie wehren sich gegen ihre Wahrnehmungen an einem Ort, den sie so schnell wie möglich wieder verlassen wollen, um das wiederzuerlangen, was sie zu verlieren fürchten. Das verbissene Festhalten an unangemessenen (deplacierten) Selbst- und Weltbildern führt aber zu den bizarren Symptomen des Selbstverlustes, die als Höllenerfahrungen die ganze Tragik dieses vergeblichen Irrtums illustrieren.*

**Siehe dazu: Gebrauchsinformation, Ich-Tod und Selbstverlust: Die Hölle, S. 46.*

Reisen außerhalb des physischen Körpers an Orte bzw. zu Menschen, die einem am Herzen liegen, sowie das unbefangene Experimentieren mit den zu Tage tretenden Begabungen sind Ausdruck eines schöpferischen Umgangs mit den Bedingungen einer anderen Dimension.

Daß außerdem auf solchen »Exkursionen« gewonnene Eindrücke nachträglichen Überprüfungen standhalten, mag als interessanter Beleg für eine Wahrheit gelten, an der Menschen, welche die Nähe des Todes kennen, ohnedies niemals zweifeln würden.

III. Station: Der Tunnel

So sehr warst Du in die Betrachtung des geliebten Menschen versunken, daß Du die Veränderung zuerst überhaupt nicht bemerkt hast. Und dann siehst Du es doch. Da, schräg über Dir!

Abermals erstaunt Dich die Gelassenheit, mit der Du diese neue Erscheinung zur Kenntnis nimmst. Kaum daß Du besonders überrascht bist. Hast Du das nicht doch schon einmal gesehen? Kann ja wohl nicht sein! Immerhin stirbst Du nicht jeden Tag. Und dennoch, dieses unförmige Etwas, das sich da vor Deinen Augen auftut – wie kommt es, daß Du Dich davon so angezogen fühlst?

Die Öffnung an der Decke des Raumes wirkt wie der schmale Eingang einer Höhle. Du ahnst – mehr als Du es siehst – das dämmrige Halbdunkel eines vermutlich längeren Ganges, der sich in undurchdringlicher Finsternis verliert. Eines Ganges wohin? Wie unter einem offenen Kaminschacht stehst Du und blickst nach oben. Nichts zu erkennen! Ein Tunnel ins Nichts? Was hast Du erwartet? Daß Du am Ende die Sterne siehst, wie durch ein Teleskop, das man verkehrt herum hält? Warum ausgerechnet Sterne? Irgend etwas! Dabei ist es nicht so, daß Dich die Dunkelheit des Tunnels ängstigt. Im Gegenteil, Du bist neugierig. Sehr neugierig sogar! Aber es ist auch noch mehr als Neugier ...

Du empfindest ein tiefes Verlangen danach in den Tunnel ... Achtung! Weißt Du nicht mehr: Ein Wunsch genügt! Hast Du schon vergessen, daß Du Dich alleine aufgrund Deiner Vorstellungen an jeden beliebigen Ort begeben kannst? Du willst also wirklich in diesen Tunnel?

Je mehr Du überlegst, desto deutlicher spürst Du, wie sehr Dich dieser seltsame Durchlaß bereits in seinen Bann geschlagen hat. Du vermagst nicht mehr zwischen Deinem Willen und seiner Anziehungskraft zu unterscheiden. Du wehrst Dich nicht, leistest keinen Widerstand. Gegen wen? Gegen Dich selbst? Gegen Dein mittlerweile unkontrollierbares Verlangen? Gegen Deine Sehnsucht, dem Ruf zu folgen? Ja, Sehnsucht! Das ist es! Nichts anderes zählt, als dieser Sehnsucht nachzugeben.

Endlich! Du kommst heim! Wie bitte? Im selben Augenblick wirst Du – wie von einem überdimensionalen Staubsauger eingesogen – in das Innere dieses düsteren Kanals befördert. Da war noch ein Tosen, wie von einem Wasserfall. Ein wunderliches Geräusch. So unwiderstehlich. So vertraut?! Du kennst seinen Ursprung! Wirklich? Unmöglich! Aber für einen Moment war da ein Bild. Schon wieder weg! Dir fällt das Rauschen des Blutes ein. Des Blutes, welchen Blutes? Bevor Du Dich eingehender mit der Frage nach der Verursachung des eigenartigen Brausens auseinandersetzen kannst, ist es wieder verklungen und Du bist in Bewegung. Nach oben. Immer weiter. Immer schneller. Du rast in atemberaubender Geschwindigkeit entlang dieser geheimnisvollen Röhre aufwärts.

Plötzlich bist Du nicht mehr allein. Da ist noch jemand, mehrere! Ganz nahe! Du fühlst ihre Anwesenheit. Ein sonderbares, irgendwie trostloses Gefühl bemächtigt sich Deiner.

Betrunkene Randalierer haben einmal versucht, Dich auf nächtlichem Nachhauseweg »aufzumischen«. Unwillkürlich erinnerst Du Dich. »Verlorene Seelen« hast Du sie damals insgeheim genannt!

Du konzentrierst Dich ganz auf das rasende Tempo Deines »Blindfluges«. Blindfluges? Ist das nicht ein Lichtpunkt, der in einiger Entfernung das Ende des Tunnels ankündigt. Scheint ziemlich hell zu sein. Du spürst nun nichts mehr von der störenden Gegenwart der anderen. So unvermittelt wie sie da waren, sind sie auch wieder verschwunden.

Wie lang der Tunnel wohl sein mag? Keine Ahnung! Seit wann bist Du schon in seinem Inneren unterwegs? Du weißt es nicht. Merkwürdig. Du wüßtest nicht zu sagen, ob Du gerade erst den Eingang hinter Dir gelassen oder inzwischen mehrere Tage auf dieser phantastischen Reise zugebracht hast. Du besitzt keine vergleichbaren Größen. Als wären Raum und Zeit hier bedeutungslos oder gar nicht vorhanden, will es Dir einfach nicht gelingen, Dich zu orientieren.

Das Licht am nahenden Ausgang wird größer. Und heller, viel heller. An den vorbeistürzenden Innenwänden errätst Du die atemberaubende Geschwindigkeit. Setz die hohe Geschwindigkeit zu der Langsamkeit in Beziehung, mit der sich der Ausgang nähert, und Du kannst daran die Ungeheuerlichkeit der Entfernungen ermessen, Die Du hier zurücklegst! Nicht weniger beeindrukkend ist die enorme Helligkeit der Lichtquelle, welche Dich am Ziel erwartet.

Schließlich erreichst Du die Stelle, an der der Tunnel in das Licht mündet, das ihn im letzten Abschnitt mit übernatürlichem Glanz erfüllt. Du bist jetzt an einem anderen Ort. Einem ganz anderen Ort.

Kommentar

Nach dem Verlassen des Körpers bildet der Tunnel das zweite Übergangselement einer Nahtod-Erfahrung. Handelt es sich beim ersten Übergang noch um einen Perspektivenwechsel (von körperlicher zu außerkörperlicher Wahrnehmung), markiert der Tunnel einen Übergang von einer Dimension in eine andere.

Ist der Austritt aus dem Körper auch mit erweiterten Sinneswahrnehmungen und neuen Fähigkeiten verbunden, bleibt doch das Bewußtsein selbst davon unberührt. Das gleiche rationale Selbsterleben, das die Alltagsbewältigung steuert, steht auch im Mittelpunkt der Erlebnisse außerhalb des Körpers, die anhand der gleichen kausalen Kategorien zu ordnen wie zu verstehen sind.

Erst im Tunnel erfährt das eigene Selbst, einschließlich der Art und Weise der Beziehungsgestaltung zu seiner Wirklichkeit eine dramatische Veränderung bzw. Erweiterung.

Die Transzendierung geläufiger Konzepte wie Raum und Zeit, welche als Grundlage der Orientierung nun nicht mehr zur Verfügung stehen, verweist auf ein sich neu konstituierendes Verhältnis zwischen einem erweiterten Selbst und einer andersartigen Welt. So kann der Tunnel auch als eine Metapher für die gleichzeitige, sich gegenseitig bedingende Evolution des menschlichen Bewußtseins und den Manifestationen einer aus unzähligen Wirklichkeitsdimensionen gebildeten Welt verstanden werden. Das menschliche Ich und seine Welt sind Ausdruck des (dualen) Spieles einer von Wirklichkeit zu Wirklichkeit zu immer höherer Selbstbwußtheit voranschreitenden übergeordneten (nondualen) Ganzheit mit sich selbst.

Der Tunnel als Metapher? Möglich, aber er ist nicht die einzige! Der Tunnel ist tatsächlich nur ein Bild von vielen.*

**Diese Station zeichnet sich unter anderem dadurch aus, daß sie zwar einerseits als zentraler Bestandteil in fast allen Berichten von Nahtod-Erfahrungen erscheint, andererseits aber mit ihrer Erscheinungsvielfalt in einem gewissen Widerspruch zu den ansonsten verblüffenden inhaltlichen Übereinstimmungen geschilderter Phasenabfolgen steht. Dennoch ist der Tunnel die mit Sicherheit am häufigsten vorkommende Chiffre des Übergangs.*

Es gibt noch ein beachtliches Spektrum »nicht tunnelartiger« Darstellungen des Übergangs von einer Welt in die nächste. Andere – öfter beschriebene – symbolhafte Bilder, die »von Überlebenden« ebenfalls immer wieder genannt werden, sind etwa: Nach oben führende Treppen, zu durchschreitende Felder dichten Nebels, unterschiedlich aufwendig gestaltete Türen, Tore und Durchgänge aller Art ...

Eine ältere Dame erzählte mir einmal davon, nach Zurücklassen des physischen Körpers auf eine Abfolge leerer hallenartiger Räume gestoßen zu sein, von denen jeder in einer anderen, sehr intensiven Farbe erstrahlte und die sie der Reihe nach zu durchqueren hatte, um am Ende ein helles Licht zu erreichen.

Eine weitere Besonderheit dieser Station sind die akustischen Wahrnehmungen, die oft den bevorstehenden »Übertritt« ankündigen. Ob es sich dabei mehr um ein Rauschen, ein Tosen, ein Brausen, ein Schallen, ein Dröhnen, ein Prasseln oder – wie gar nicht selten berichtet – um Sphärenklänge handelt, die in heiterer Erhabenheit jede irdische Musik an Wohlklang übertreffen, das Vernehmbare besitzt die entrükkende Wirkung eines Rufes aus einer anderen Welt. Menschen, deren Reanimation an diesem Punkt »erfolgreich« war, bekunden zumeist eine tiefe Enttäuschung darüber, nicht weiter lauschen zu dürfen. Sogar in die letzten Worte Sterbender, die sich bereits von dem unbeschreiblichen Tönen angezogen fühlen, finden solche Wahrnehmungen – begleitet vom bangen Erstaunen der am Totenbett versammelten Angehörigen – Eingang.

Führt das Verlassen des Körpers (mehr noch die damit verbundenen Folgen) zur Konfrontation mit der Unwiderruflichkeit des Sterbens, verursacht die bewußte Auseinandersetzung mit diesem Faktum das Erscheinen des Tunnels (oder eines anderen Übergangssymbols). Da die Reaktion auf die Erkenntnis des eigenen Sterbens wesentlich die Qualität des Überganges bestimmt, ist der Tunnel die »kritische« Phase einer Nahtod-Erfahrung.

Sind Erleben und Verhalten nach Verlassen des Körpers von Todesverleugnung geprägt, erzeugt dieser Widerstand gegen den natürlichen Ablauf der Nahtod-Erfahrung selbst das fiktive Szenario infernaler Selbstanklagen als Ort der Verdammnis. Wer verzweifelt gegen den Übergang ankämpft, kann im Tunnel die Steigerung seiner Verzweiflung zur Höllenerfahrung erleben, in welcher er den schlimmsten Befürchtungen – seinen Irrtümern über das Wesen des Todes – eine bizarre Gestalt verleiht. Er kann dann sogar auf andere treffen, die sich, genau wie er, dagegen wehren, all das loszulassen, was im Tod seine Bedeutung verliert.*

Von personifizierten Verlustängsten, Versäumnissen, unerledigten Angelegenheiten und anderen Schreckgespenstern eines ohnmächtigen Über-Ich zu immer abwegigerem Selbstbetrug genötigt, wird die Hölle zum projektiven (nicht wirklichen) Austragungsort dieses hoffnungslosen Kampfes gegen die Annahme des Unvermeidlichen.**

Der Tunnel scheint all das zu verstärken, was sein Auftreten ausgelöst hat. Wie das Wissen um das eigene Sterben in den Tunnel führt, bestimmt der Umgang mit diesem Wissen das Geschehen innerhalb des Tunnels.***

Interessant ist, daß Kinder, deren kurzes Leben ihnen noch nicht die Gelegenheit geboten hat, eigene Besitztümer – in Form rigider Bewußtseinsinhalte (Haltungen) – anzusammeln, niemals von beunruhigenden, negativen Aspekten in ihren Nahtod-Erfahrungen berichten. Vielmehr im Gegenteil: Bei ansonsten gleicher Phasenabfolge behaupten viele Kinder, im Tunnel nicht alleine, sondern in Begleitung eines liebevoll um sie bemühten Wesens gewesen zu sein, das sie entweder – kulturspezifisch gedeutet – als Schutzengel oder als deutlich empfundene geistige Präsenz charakterisieren.

**Oft wird von verlorenen Seelen gesprochen, die so verbissen an den Trugbildern ihrer irdischen Existenz festhalten, daß sie im trostlosen »Niemandsland« zwischen den Welten verharren.*

**Siehe Gebrauchsinformation, Ich-Tod und Selbstverlust: Die Hölle, S. 46.*

***Man wird hier abermals an die – von Viktor E. Frankl im Rahmen seiner Logotherapie und Existenzanalyse formulierte – unverlierbare (weil existentielle) Freiheit des Menschen erinnert: Die Freiheit, zu jedem Sachverhalt immer noch (wie auch immer) Stellung nehmen zu können, um gerade dadurch sein geistiges Potential zu verwirklichen bzw. die »Herrschaft« über sein Schicksal wiederzuerlangen.*

Begegnet man dem Tunnel unvoreingenommen mit einer Haltung interessierter Neugier, bietet er die Möglichkeit eines einzigartigen Abenteuers. »Auf einer Reise zwischen den Welten werden mit Lichtgeschwindigkeit unendliche Distanzen überwunden« (Zitat eines Zurückgekehrten). Nichts vermag auch nur annähernd die Begeisterung derer wiederzugeben, deren Schilderungen uns nur einen blassen Eindruck davon vermitteln, was nicht mehr in Worte faßbar ist.

IV. Station: Die vergessene Heimat

Am Ende des Tunnels: Licht! Heller als Du es kennst. Der Tunnel entläßt Dich in eine Welt aus Licht. Strahlendes, lebendiges Licht, wohin Du auch blickst.

Als entstünde es unabhängig von jeder lokalisierbaren Quelle beständig aus sich selbst, umfängt es Dich mit durchdringendem Glanz. So grenzenlos wie die Helligkeit ist Deine Freude und Dein Entzücken. Du kennst diesen Ort! Endlich, in den Strahlen dieses überirdischen Leuchtens lösen sich die Schleier des Vergessens vollends auf.

Wie konntest Du jemals Deine Heimat vergessen?! Da! Im Licht! Eine Gestalt. Sie kommt näher. Du weißt bereits, wer es ist. Seine lichtdurchflutete Erscheinung unterscheidet sich drastisch von dem zerstörten Leib, bei dessen Verlassen Du ihn das letzte Mal im Leben gesehen hast. Im Leben, Deinem Leben? Bedeutungslos! Bedeutungslos wie Dein physischer Körper, der in einer anderen Zeit, in einer anderen Welt, in einem anderen zu Ende gehenden Leben zurückbleiben mußte und um dessen Erhalt dort noch immer gekämpft wird. Bedeutungslos! So bedeutungslos wie die Schicksalsschläge einer in dieser wohltuenden Helle zusehends verblassenden Vergangenheit.

Vor Dir steht der, dessen Tod Dich vor langer Zeit beinahe um den Verstand gebracht hätte. Trotz seiner erneuerten, von allen Spuren des Todes befreiten Erscheinung ist das Wesentliche unverändert geblieben. An Deiner Liebe erkennst Du ihn. Als hätte seine Seele im Licht ein ihrer Eigenart entsprechenderes Haus gefunden. Als bilde das Licht selbst ein lebendiges Ebenbild einer Seele, die ihr Gefängnis in Fleisch und Blut freudig überwunden hat.

Er hat Dich erwartet. Es ist mehr als die ersehnte Wiederbegegnung zweier lange verlorengegangener Freunde. Der Mensch, dessen Liebe zu Dir bei seinem Tod Dein Herz gebrochen hat, ist wieder mit Dir vereint.

Eine Sehnsucht, an der Du in schweren Jahren verzweifelt festgehalten hast, ohne ihre Erfüllung je wirklich für möglich zu halten – eine Sehnsucht, die allem widersprochen hat, was Dein Leben Dich in bitteren Lektionen so erbarmungslos gelehrt hat – eine Sehnsucht, auf die Du immer gestoßen bist, wenn Du die Wege des Todes zu kreuzen hattest – die Sehnsucht aller Sehnsüchte, die Sehnsucht nach dem verlorenen Geliebten, erfüllt sich in diesem einen zeitlosen Augenblick Eurer Wiedervereinigung. Nichts ist verloren!

Ohne Dich gesprochener Worte bedienen zu müssen, unterhältst Du Dich mit ihm. In der Klarheit Deiner eigenen Gedanken heißt er Dich willkommen und bietet Dir seine Dienste als Führer an. Nichts kann in seiner Gegenwart das Glück übertreffen, dieses wunderbare Land zu erkunden, das vor Euch im strahlenden Licht eines überirdischen Tages liegt.

In Farben, die du nie zuvor gesehen, mit Tönen, wie Du sie niemals vernommen hast, offenbaren sich Euch die Geheimnisse einer einzigartigen Natur. In einem aberwitzigen Sinnenrausch fährst Du durch Landschaften von atemberaubender Schönheit, über ungezähmte Gebirgszüge, durch einsame Täler, durch die verborgenen Tiefen eines rastlosen Ozeans, durch die belebten Räume eines unermeßlichen Himmels – durch das Licht.

Der Reichtum an Pflanzen und Tieren, bekannten und unbekannten, ist grenzenlos und beeindruckt Dich mit immer neuer Erscheinungsvielfalt.

Dein Bewußtsein verirrt sich in Myriaden gleißender Einzelheiten, kehrt trunken von der Bilderflut zurück, um sich gleich wieder an den grellen Blättern fremdartiger Sträucher, dem heiteren Aufblitzen eines unscheinbaren Rinnsals, im ausgelassenen Spiel des Windes einem neuen Kosmos sprühenden Lebens zu überlassen.

Ein gemeinsamer Gedanke unterbricht den übermütigen Streifzug. Die Grenze! Du hältst inne. Dein Begleiter hat Dich auf eine steile Anhöhe geführt, an deren Fuß die Umrisse einer gewaltigen Stadt aus den Nebeln einer weitläufigen Ebene auftauchen. Die Stadt des Lichtes!

Am Horizont bilden sanfte Hügelketten eine natürliche Barriere zum dahinter liegenden Land: Die Grenze.

Dein Begleiter erklärt Dir, daß niemand, der sie überschreitet, in seinen irdischen Körper zurückkehren kann. Um so besser! Du verschwendest ohnedies längst keine Gedanken mehr an eine Rückkehr. Zurück in den alten Körper? Also wirklich!! Die wilde Schönheit der Gegend hinter der bezeichneten Schranke zieht Dich bereits mit ganzer Kraft an, und Du hast nicht die geringste Absicht, Dich dagegen zu wehren. Ganz im Gegenteil: Je eher Ihr Eure Unternehmung auf diesen geheimnisvollen Landstrich ausdehnen könnt, desto lieber ist es Dir. Also los!

Doch Dein Begleiter wehrt ab. Nicht bevor Du IHM begegnet bist. Ihm? IHM! Es ist soweit. Abermals kommt die Szene in Bewegung. Nebel fällt ein, verdichtet sich zu einem schimmernden Gewebe. Die Umgebung schwindet. Erstaunt bemerkst Du die eigene Erregung, die sich rasch zur überschwenglichen Erwartung des Bevorstehenden steigert. Eine plötzliche Erschütterung! Was war das? Etwas hat Dich berührt! Aber nicht außen, sondern in Deinem Innersten ist etwas in Schwingung geraten: SEINE Gegenwart!

Kommentar

Kontakte mit Verstorbenen gehören zu den am häufigsten berichteten Elementen von Nahtod-Erfahrungen. Meist handelt es sich um nahe Verwandte (Großeltern, Eltern, Geschwister), seltener um enge Freunde und in einzelnen Fällen auch um Unbekannte, die den »Neuankömmling« am Ende des Tunnels (bzw. nach vollzogenem Übergang) erwarten, ihn willkommen heißen und seine Führung übernehmen.* Die Begegnungen finden gewöhnlich in einer Umgebung statt, die als lichtdurchflutetes Gegenstück zur irdischen Natur beschrieben wird.

In vielen Fällen kommt es zu einem gemeinsamen »Spaziergang« durch ebenso faszinierende wie abwechslungsreiche Landschaften, wobei der Protagonist der Nahtod-Erfahrung (der sich seines »neuen Körpers« und dessen übernatürlicher Fähigkeiten inzwischen bewußt ist) die üppige Natur mit seinen erweiterten Sinnen in einer Art und Weise aufnimmt, die mit irdischen Erlebensmöglichkeiten nicht mehr vergleichbar ist.

Als könne sich das Bewußtsein des Beobachters hier mit den vielfältigen Gegenständen seiner Aufmerksamkeit vorübergehend vereinen, wird jede Außenbetrachtung gleichzeitig von einer »Innenschau« ergänzt, die ein ganzheitliches Erfassen ermöglicht. Ineinander verflochtene, sich gegenseitig durchwirkende Ebenen offenbaren einen Kreislauf, der aus wimmelndem Mikrokosmos auftauchenden, in makrokosmische Räume reichenden Welten pulsierenden Lebens besteht. Überhaupt scheinen Artenreichtum und Entwicklung vorfindbarer Fauna und Flora jedes menschliche Vorstellungsvermögen weit zu übertreffen.

**Die Ahnenverehrung »primitiver« Kulturen, die auch über Möglichkeiten schamanistischer Jenseitsreisen verfügen, mag auf derartige Erlebnisse nach Verlassen des physischen Körpers zurückzuführen sein. Die Geister der Vorfahren, deren Rat sowohl in diesseitigen wie jenseitigen Angelegenheiten eingeholt wird, treten dort oft als Lehrer ihrer Nachfahren bzw. eines ganzen Stammes auf.*

»Rückkehrer« werden schon deshalb nicht müde zu betonen, daß keine Sprache der Welt ausreicht, um auch nur einen schwachen Eindruck dessen zu vermitteln, was hier in einem einzigen Augenblick selbstverständliche Wirklichkeit ist.

In Schilderungen von Nahtod-Erfahrungen findet sich bezugnehmend auf diese Sphäre öfters der Ausdruck der »vergessenen Heimat«.

In der Regel bringt der Begleiter den »Neuen« in die Nähe einer Grenze, die er als den »point of no return« bezeichnet.

Die Grenze selbst wird unterschiedlich beschrieben. Die Rede ist von Wällen, Schranken, Brücken, Gebirgszügen, Flüssen und anderen metaphorischen Veranschaulichungen.

Gelingt zumindest ein Blick hinter diese Grenze, wächst das Verlangen danach sie zu überschreiten ins Unermeßliche. Gedanken an eine Rückkehr spielen dann ohnehin längst keine Rolle mehr.

Gelegentliche Berichte von Begegnungen mit anderen Verstorbenen beziehen sich vorwiegend auf eine große »Stadt des Lichtes«, die in voneinander unabhängigen Angaben zu allen Zeiten erstaunlich übereinstimmend dargestellt wird.*

**Wie schon der Kontakt mit Verstorbenen im allgemeinen, haben Visionen dieser »Stadt des Lichtes« im speziellen die Jenseitsvorstellungen der Kulturen vieler Zeitalter sowie die Entwicklungsgeschichten großer Religionen geprägt. So entspricht das in der Offenbarung des Johannes (der Apokalypse) dem letzten Buch der »offiziellen« Bibel in Aussicht gestellte »himmlische Jerusalem«, das am Ende der Zeiten erscheinen soll, in allen Einzelheiten den Wahrnehmungen von der »Stadt des Lichtes« aus tiefen Nahtod-Erfahrungen. Überhaupt spricht einiges dafür, daß es sich bei besagter Offenbarung um ein historisches Beispiel (eines von vielen) für den konstitutiven Einfluß von Nahtod-Erfahrungen auf Entstehung und Entwicklung einer Weltreligion handelt.*

Trifft man in Nahtod Erfahrungen auf einen oder mehrere Führer,* gleichen sich diese in Erscheinung, Kommunikation und Fortbewegung.

Wiederum reicht die bloße Absicht aus, um schwebend jeden beliebigen Ortswechsel zu vollziehen. Unterhaltungen werden unabhängig von körperlichen Sprechorganen in direkter »Verbindung« der Gedanken geführt.**

Die – ebenfalls schwer in Worte zu fassenden – sichtbaren Aspekte dieser lichtdurchfluteten, bisweilen schemenhaft strahlenden Wesenheiten bringen deren seelische Gestimmtheit viel klarer zum Ausdruck als ihre »irdisch körperlichen Entsprechungen« von einst.

**Was den Auftritt »jenseitiger Führer« betrifft, unterscheiden sich die Nahtod-Erfahrungen von Kindern markant von denen Erwachsener. Kinder werden in der Regel schon beim Erscheinen des Tunnels (bzw. einer entsprechenden »Übergangsmetaphorik«) von helfenden Wesen empfangen, die sie durch die weitere Phasenabfolge begleiten. In ihnen glauben Kinder oft Schutzengel oder andere wohlwollende Vertreter ihnen geläufiger Erzählungen und Legenden zu erkennen.*

***Zudem scheint sich diese telepathische Kommunikation keiner irdischen Sprache bedienen zu müssen.*

In diesem Zusammenhang wird oft das beglückende Gefühl erwähnt, das sich von selbst einstellt, wenn man erstmals in unmittelbar geistiger Berührung (ohne die Krücke sprachlicher Vermittlung) miteinander »sprechen« kann.

V. Station: Die Offenbarung des Lichtes

SEINE Gegenwart! Dein Begleiter, das Land, die Berge, der Himmel – verschwunden. Verschwunden? Überstrahlt! Wie auf eine Leinwand projizierte Bilder, die beim Angehen des Lichtes verblassen: SEINES Lichtes! Heller als tausend Sonnen, sogar heller als am Ende des Tunnels, heller als Licht, heller ... heller ...! Ohne zu blenden.

Im Zentrum des Lichtes siehst Du IHN! Sehen, womit? Mit Deinen Augen? Welchen Augen? Warum fällt Dir erst jetzt auf, daß Du alles, was Dich umgibt, ohne Dich umzuwenden, sehen kannst? Du siehst ... Nein, Du hast Kontakt. Dein ganzes Wesen ist Kontakt. Kein unbeteiligtes Beobachten, keine Distanz. Lebendiger Austausch hat Deine Sinne abgelöst, sie überflüssig werden lassen. Warum wird Dir das erst jetzt klar? Weil Du IHN siehst. Anders wäre das gar nicht möglich. Du erkennst IHN. ER durchdringt und umschließt Dich. ER: grenzenlos, jenseits allen Vorstellungsvermögens. Und dennoch »steht« ER vor Dir: eine wahrnehmbare Gestalt.

Am wunderbarsten aber ist, daß Du diesen Widerspruch verstehst, ja, daß es eigentlich gar keinen Widerspruch gibt. Du bist bei IHM! Als wärst Du nie woanders gewesen. Schon wieder ein Widerspruch, der keiner ist? Egal. Genau das ist es, was Du willst: nie mehr woanders sein! In SEINER Gegenwart bist Du geborgen.

Alles, was Du Dir je gewünscht hast und mehr – viel mehr. Alles, was Du je verloren hast und mehr – viel mehr. Alles, was Du schon lange nicht mehr zu hoffen gewagt hast und mehr – viel mehr. Soviel mehr Liebe!

Liebe, der Begriff mit dem Du immer solche Probleme hattest. Wie oft hast Du dieses Wort ausgesprochen? Liebe? Äh ... Nicht öfter? Aber ... Laß gut sein! Liebe, das Kitschwort aller Kitschwörter hat hier eine neue Bedeutung. Nein, keine neue Bedeutung. Eben nicht! In SEINER Gegenwart erlangt dieser geschändete Ausdruck seine originale Bedeutung zurück. Noch nie hat Dich eine Liebe so bereit gefunden, ihr nachzugeben, sie zu erwidern. Noch nie war eine Liebe so selbstverständlich, so überwältigend wie SEINE.

Noch nie? Oh doch! Hier bei IHM, dem Ursprung und dem letzten Ziel Deiner Sehnsucht. Du bist es, der geliebt wird! Von IHM! Im Innersten Deiner Seele spürst Du SEIN »JA!«. ER versteht, ER bejaht, ER liebt: Dich! ER macht Dich wahr. SEINE Liebe wächst aus SEINEM Wissen. Erst in SEINER Liebe stößt Du auf Dich selbst, wie Du Dich noch nie begriffen, aber von jeher verlangt hast. Noch nie und von jeher? Schon gut, Du hast Dich bereits an scheinbare Widersprüche gewöhnt. Abgesehen davon gibt es jetzt, weiß Gott, wichtigeres! Schließlich begreifst Du den Grund SEINER Liebe.

Die lebenslängliche Suche nach tauglichen Selbstablenkungsmanövern – Dein eigenes Urteil – ist aufgehoben. Jemanden zu kennen, bedeutet, ihn zu lieben. So banal! So wahr! Doch was heißt schon kennen? Gleichwohl, Du erkennst Dich wieder! Endlich: kaum zögernd wiederholst Du SEIN »JA!«. Es stimmt! ... JA! ... Beinahe beschämend, wie leicht Dir dieses Ja, um das Du ein Leben lang mit der ganzen Welt gerungen hast, plötzlich fällt: Hier am Ziel, an der Quelle der Liebe und des Lichtes. Du bist es ... der geliebt wird ... den ER liebt ... den ER kennt. *DU*!

ER will, daß *DU* verstehst und *DU* folgst SEINER Einladung ins vergangene Leben. *DU* kommst zurück ... alles kommt zurück. In einem Augenblick des Lichtes, der Dein ganzes Leben enthält, lebst Du es noch einmal. Zugleich siehst *DU* es von außen ... von oben ... von überall ... aus der Sicht der anderen! Scheinbar ohne Ordnung und doch in einem eigentümlichen Zusammenhang zieht es an *DIR* vorbei. Beobachter und Teilnehmer zugleich, gehst *DU* von Szene zu Szene, wie durch eine lebendige Galerie der Sinne.

Da: Der Freund Deiner Kindheit ... an jenem Nachmittag im Hof ... zusammen mit Dir ... Dir ist nie aufgefallen, wie sehr er sich darüber gefreut hat, mit Dir zu spielen ... *DU* erlebst seine Freude ... Deine Großeltern am Balkon ... mit welcher Zärtlichkeit sie Dich im Auge behalten ... *DU* siehst Dich mit ihren Blicken ... dieser Geruch! ... in der Schule ... die stumme Anteilnahme der Mitschüler, als es Dich an der Tafel vor der ganzen Klasse »zerlegt« ... die großen, die plakativen Sachen ... sind alle da ... natürlich ... die Liebe, die Hoffnungen Deiner Eltern ... ihr Stolz

... das Glück der Mutter nach Deiner Geburt, als sie das kleine zerknitterte Wesen endlich an sich drücken darf ... du liebe Zeit! ... das bist wirklich Du ... Jahre, Monate, Wochen, Tage, Stunden, Minuten, Sekunden, die schon darauf warten, auf den kleinen Wurm losgelassen zu werden, Zeit, die ihre Spuren an seinem Körper, seinem Geist hinterläßt ... »großes Kino!« ... eine späte Sonne legt alte Zauber auf die Abende einer rastlosen Jugend ... Deine erste sexuelle Erfahrung ... so unbeholfen! ... so wunderbar unbeholfen! ... der Geschäftspartner, den Du »über den Tisch gezogen hast« was, so unzufrieden ist der gewesen? ... das hast Du nicht gewußt ... *DU* spürst die Folgen Deines Handelns, die Wirkung Deiner Worte, Blicke, Gesten auf andere ... *DU* durchschaust die Zusammenhänge ... *DU* verstehst ... Dich ... kein Gericht, kein Urteil, keine Strafe, sondern Erkennen und Verstehen ... Erfahren und Sein ... wiederum: nichts geht verloren, nichts ist umsonst ... »unwesentliche« Kleinigkeiten, Nebensächlichkeiten offenbaren unvermutete Sinnzusammenhänge ... alles, alles hat seine Wirkung ... seine Bedeutung ... der Passant, der sich darüber amüsiert, wie Du – vollbepackt mit Einkaufstüten – vergeblich versuchst, die Kontrolle über Dein Fahrrad zu behalten ... er hatte die kleine Ablenkung nötig ... *DU* kennst jetzt den Grund ... die

Verkäuferin, die sich – von Deiner launischen Unhöflichkeit angesteckt – ihrer Unzufriedenheit mit dem Job erinnert und dies nun ihrerseits die nächste Kundschaft spüren läßt, die ... und so weiter und so weiter ... Keine Hölle ... lächerlich! ... kein Fegefeuer, sondern Verstehen ... das genügt!

DU verfolgst die unzähligen Verflechtungen Deines Lebens mit den Leben der Mitmenschen. *DU* findest keine losen Enden. Jede Äußerung führt geradewegs in ein anderes Leben, stößt dort auf ein individuelles Verständnis und bewirkt eine Stellungnahme, eine neuerliche Äußerung.

DU siehst das undurchdringliche Netzwerk menschlicher Wechselwirkungen wie das Innere eines ungeheuren Computers vor *DIR* liegen. Eines vitalen Computers, dessen Funktionsweise *DIR* vollkommen einleuchtet. Jedes Teil ist mit allen anderen verbunden. Jede – auch noch so geringfügige – Veränderung des kleinsten Elementes provoziert eine Reaktion der anderen Komponenten, verändert unwillkürlich den Gesamtzustand des »Gerätes«.

Eine Kette ist so stark wie ihr schwächstes Glied! Wie oft hast Du dieses Sprichwort schon gehört? *DU* begreifst Dein irdisches Leben als das Glied einer Kette, an welcher das Gewicht der ganzen Welt hängt.

Du hast eine Welt in ihr Leben getragen. In Dein Leben. Das ist Deine Aufgabe gewesen, der Sinn Deines Lebens: die Vielfalt der Ewigkeit um eine Welt zu bereichern. *DU* erbebst unter dem Gewicht *DEINER* Erkenntnis. *DU* bist die Ursache Deiner Welt und ihrer Bewohner. *DU* spürst die Verantwortung für die Unabänderlichkeit *DEINER* Schöpfung.

Daß ER bei *DIR* ist, daß ER *DEIN* Verstehen mit SEINER Liebe begleitet, daß ER Dein Leben ein für allemal bestätigt, erlaubt *DIR*, es loszulassen. *DU* siehst Deine

Zeit auf Erden in den Schoß der Ewigkeit zurücksinken. *DU* richtest *DICH* auf.

Übermütig empfängt *DICH* das muntere Treiben eines belebten Platzes: Menschen, Lichtwesen wie *DU*! *DU* hast diesen Ort bereits aus der Entfernung der Anhöhe gesehen, auf welche *DICH DEIN* Begleiter geführt hat, IHM zu begegnen.

Kristallene Gebäude säumen Straßen, die sich, ausgehend von einer strahlenden Kathedrale, sternförmig verzweigen. Auf unterschiedlichen Niveaus greifen Alleen wie Lichtfinger nach den bunten Edelsteinen der Bauwerke. Die Stadt des Lichtes! SEINE Stadt!

Die Kathedrale: ein gläserner Palast des Wissens in ihrem Zentrum. Hier triffst *DU* IHN wieder. ER weist *DICH* durch riesige Hallen gleißenden Kristalls, an den Ursprung und den Aufbewahrungsort allen Wissens. ER öffnet *DIR* den freien Zugang zu diesem Universum des Wissens.

Wissen aus Äonen von Zeitaltern, die waren und noch sein werden, von Welten, die lange versunken und von solchen, die noch nicht geboren sind, Einblicke in die Biographien aller Lebewesen, ihre Beweggründe, Gedanken, Gefühle, ihre Mißverständnisse und Irrtümer, ihre Verdienste und Höhenflüge, Kenntnisse vom Aufbau und Wirken einer Natur, deren irdischer Ausschnitt kaum die Bedeutung eines Sandkornes in der Wüste erreicht. Absolutes und uneingeschränktes Wissen: Verstehen!

Dieses Mal ist es kein Gang durch eine Ausstellung lebender Exponate, keine besinnungslose Fahrt durch eine wildromantische Landschaft. Ein Sturm überwältigender Eindrücke bricht los, reißt *DICH* mit sich fort. *DU* rast durch Räume ... Zeiten ... belebte wie unbelebte ... verlierst *DICH* in den Wahrnehmungen fremder Bewußtheiten ... aus tausend Augen siehst *DU* IHN ... in tausend Gestalten erkennst *DU* IHN ... mit tausend Händen verrichtest *DU* SEIN Werk ... mit den Himmelskörpern folgst *DU* SEINER Absicht ... im Reigen mit den Elementen entdeckst *DU* SEINEN Plan ... SEINE Weisheit im Lichtgewand des Alls ... der Triumph der einzigen Antwort ... am Ende der Fragen ... die Lösung des Rätsels ... die Gewißheit, von der Du im Falle Deiner Rückkehr nicht mehr behalten wirst als befremdliche Ahnungen, die Dich in geheimen Momenten beschleichen ... verbotenes Wissen? ... wie dringend hättest Du es im Leben benötigt ... noch einmal also: Dein Leben ... ein letzter Blick auf das Leben eines Menschen ... so einfach ... so naheliegend ... Antworten, die sich so schnell wie Fragen ergeben ... Fragen, die ER durch Antworten ersetzt ... wieviel leichter wäre Dir manches gefallen ... wenn Du gesehen hättest, was *DU* jetzt siehst ... wenn Du gewußt hättest, was *DU* jetzt weißt ... verbotenes Wissen? ... von der einen Frage, die am Beginn jedes Lebens steht? ... der einzigartigen Aufgabe eines jeden Menschen, der mit einem: »Finde heraus ...!« ins Irdische gesandt wird? ... vom Verlust dieser einen Frage in den Fragen der Welt? ... von der verzweifelten Suche nach wahren Antworten auf falsche Fragen? ... von der Wiederentdeckung der eigenen, der richtigen Frage hinter den Irrtümern eines beschwerlichen Weges? ... von der Verblüffung über die allgegenwärtige Nähe der Antwort? ... vom Ende, der Heimkehr mit einem siegreichen: »*ICH* weiß ...!!!«? ... vom bewußten Verzicht auf jede Kenntnis von der großen Täuschung? ... der absichtlichen Entsagung *DEINER SELBST*? ... *DEINEM* dunklen Einzug ins Fleisch? ... dem Ablegen *DEINES* Verständnisses von einer kleinen, blutrünstigen Welt, auf der noch nie schlimmeres passiert ist als die *SELBST*-vergessenheit ihrer Bewohner, die eine Moral nach der anderen erfinden, um sich von der Freiheit abzulenken, die einst ihr Wesen war und wieder sein wird? ... von der Liebe, die sie alle verbindet? ... der Liebe, die sie zu immer verwegeneren Unternehmungen antreibt? ... der

Liebe, aus der heraus sie die fürchterlichsten Verbrechen gegen die eigene Natur begehen? ... der Liebe, die garantiert, daß nichts geschehen ist? ... daß Unrecht nur ein Trugbild ist? ... Leid höchstens eine selbstmörderische Illusion? ... Sünde lediglich eine leere Vorstellung? ... der Fluch des Todes ein Phantom? ... von der Liebe, die in der Willkür ungezählter Schicksale die Manifestationen SEINES Planes entdeckt? ... von der Stärke, IHM zu verzeihen für das was Du in Deiner Ichbezogenheit für SEINEN Willen halten mußtest? ... von SEINER Güte, *DICH* aufzufordern, Dir zu verzeihen? ... für alles worin Du gegen SEIN Gesetz zu verstoßen glaubtest? ... für alles, was Du mißverstanden hast? ... für alles, was Du Dir angetan hast? ... für Deine kleinlichen Unzufriedenheiten, Deine Enttäuschungen, die Verwünschungen Deiner Schwächen? ... dafür, daß es Deine anmaßenden Regeln waren, die Du in Deiner Verbitterung so oft gebrochen hast? ... dafür, daß Du die einfachste Wahrheit vergessen konntest? ... die letzte Antwort auf die Frage Deines Lebens ... die Erfüllung *DEINER* Aufgabe ... das Ende *DEINER PASSION*: die Gewißheit, daß *DU* es *SELBST* bist, dem . . . .
. . . .
. . . .
. . . . Lachen??
. . . . helles Kinderlachen! . . . .
Gelächter!! . . . . die Musik der Sphären ist
Gelächter! . . . . Dein Gelächter!!!
. . . .
. . . .
. . . .

Die Grenze! Endlich bist *DU* bereit sie zu überschreiten. Nichts kann *DICH* mehr aufhalten. Jetzt! . . . .
. . . .
. . . .

Oder? Wird ER sich *DIR* entgegenstellen? Wird ER Dir

erklären, was *DU* dann ohnehin weißt: daß *DU* noch einmal für kurze Zeit in Deine irdische Existenz zurückkehren mußt. Daß es dort noch etwas gibt, das ... Nein!

Wirst *DU* widersprechen? Wirst *DU*, IHN bitten bei IHM bleiben zu dürfen? Wirst Du mißmutig den Rückweg antreten? ... Hättest *DU* eine Wahl?

Kommentar

Die Begegnung mit einem besonderen Lichtwesen ist ein faszinierendes Element tiefer Nahtod-Erfahrungen. In der interpretativen Benennung dieser Erscheinung zeigen sich allerdings erhebliche kulturbedingte Unterschiede.*

Die meisten sind davon überzeugt, der Offenbarung eines göttlichen Wesen beizuwohnen. Gemäß verschiedener Traditionen werden Jesus, Buddha, Krishna, Mohammed bzw. andere erleuchtete Religionsstifter und Heilige genannt.

In SEINER Gegenwart erfährt man eine so »unerhörte Geborgenheit«, daß es unvorstellbar scheint, jemals wieder woanders sein zu müssen, geschweige denn, sich freiwillig von IHM zu entfernen. SEINE charakteristische Eigenschaft ist Liebe. Liebe, die nicht auf ein unerklärliches Gefühl starker Hingezogenheit reduziert werden kann. Im Gegenteil: die Liebe des Lichtwesens ist eine bzw. die logische Folge seines uneingeschränkten Erkennens, mehr noch seines vorbehalt-

**Obwohl kulturelle Unterschiede auf die Phasenabfolge von Nahtod Erfahrungen selbst keinen erwähnenswerten Einfluß besitzen, kommt es in begleitenden Interpretation zu erheblichen Abweichungen, die oft nur vor dem soziokulturellen Hintergrund der jeweiligen Protagonisten zu verstehen sind.*

So verhält es sich auch mit dem Geschlecht dieses einzigartigen Lichtwesens. Obwohl ihm Chronisten kein unterscheidbares Geschlecht zuordnen, wählen sie für ihre Berichte meist instinktiv die männliche Form. Das scheint jedoch eher in Übernahme abendländischer Konventionen zu geschehen, als daß es einer vorfindbaren Realität entspricht. Authentische Quellen legen die Vermutung nahe, daß »SEINE« Nähe Geschlechtsunterschiede – als genetische Merkmale überwundener Körperlichkeit – überhaupt transzendiert.

losen Verstehens desjenigen, dessen Nahtod Erfahrung ihn bis zu dieser Begegnung geführt hat.

Das bedingungslose »JA!«, mit dem sich der Protagonist der Erfahrung als Ganzer angesprochen fühlt wie auch akzeptiert weiß (wie er sich nie zuvor selbst akzeptieren konnte), begründet Liebe als universell emotionale Qualität der (Selbst) Erkenntnis.

Im »JA!« des lebendigen Lichtes findet er schließlich zum eigenen »JA!«, versteht und »liebt«. Ein solches Verständnis von Liebe verwischt ebenfalls die Grenzen Ich-hafter Individualität und eröffnet einen intuitiven Zugang zum gemeinsamen Grund allen Seins. Jemanden zu lieben bedeutet nach diesem Verständnis, ihn als einzigartigen Ausdruck einer unbegrenzten, nondualen Geistigkeit und ihres Willens zu personaler Existenz (zur Selbstbekundung) wiederzuerkennen. »Erkenne deinen Nächsten wie dich selbst!«

Ein weiteres bekanntes Element tiefer Nahtod-Erfahrungen ist der Lebensrückblick.* Es handelt sich um ein lebendiges Panorama des zurückliegenden Lebens, wobei das Bewußtsein des Protagonisten die Fähigkeit besitzt, sich nach Belieben von der Rolle des Beobachters in die jeweilige Szene hinein auszudehnen und von allen Anwesenden »Besitz zu ergreifen«.

Das Wechselspiel innerer wie äußerer Wahrnehmung individueller Perspektiven und Befindlichkeiten sprengt alle Grenzen bloßen Wiedererlebens. »Aus erster Hand« erhält man »unverfälschte« Eindrücke von den Wirkungen seines Verhaltens auf andere. Indem man die Folgen seines Tuns an sich selbst erlebt, begreift man erstmals, wie sehr Menschen in ihrem Selbstverständnis voneinander abhängen und für ihre Selbstverwirklichung aufeinander angewiesen sind.

So ist der Lebensrückblick wiederum nur vor dem Hintergrund der Liebe zu verstehen, die sich als unmittelbare Folge der phänomenologischen Auseinandersetzung mit anderen – wie mit sich selbst – zwingend einstellt. Wer sich nicht mehr

**Nicht zu verwechseln mit dem umgangssprachlichen Begriff des »Lebensfilmes«, von dem bisweilen behauptet wird, man könne ihn bei Unfällen unmittelbar vor Verlust des Bewußtseins – als »rasche Parade« markanter Lebenssituationen – sehen.*

in den eigenen Vorstellungen und Meinungen verirrt und konventionellen Verhaltensmaßregeln zum Trotz bis zur Person* des anderen vorzudringen wagt, der liebt, was er sieht. Er kann gar nicht anders.

Der phänomenologische Blick** hinter die Fassaden alltäglicher Beziehungsvermeidung prägt die Rückschau, indem er sie vom interessanten Wiederholen des Bekannten zur überwältigenden Erfahrung des Neuen wandelt. Konsequent widerlegen Nahtod-Erfahrungen die Existenz eines letzten Gerichtes. Wo alle Irrtümer liebevoll aufgehoben werden, braucht es kein Gericht und schon gar keine Hölle. »Das Böse«, das zugleich mit der mißverständlichen Betrachtungsweise menschlicher Liebesfähigkeit in die Welt gekommen ist, löst sich ebenso schnell wieder auf, wenn die letzten – emotionalen – Motive*** freigelegt werden, welche noch hinter bestialischen Lebensäußerungen Schutz vor der Liebe suchen, die sie verfehlt haben.

Die Schrecken keiner Hölle vermögen je die Scham aufzuwiegen, die man empfindet, wenn Verletzung, Enttäuschung und Trauer an dem erlebbar werden, dem sie einst (als Absicht oder Unachtsamkeit) gegolten haben.

Wenn man die Adressaten seiner offenen und verdeckten Attacken genauso vollkommen erkennt – und liebt – wie das Lichtwesen, bietet SEIN Verständnis abermals die einzige Zuflucht vor der Unmöglichkeit, das Geschehene ungeschehen zu machen. Wo Mörder die Tode ihrer Opfer sterben und die unwiderruflichen Konsequenzen jeder einzelnen Tat am geliebten Gegenüber bis zur bitteren Neige »auskosten«, bleiben die vorbeugenden Angstbilder gutmütiger Moralisten hinter der Wirklichkeit zurück.

Liebe ist SEIN Gericht, Verstehen SEIN Urteil. An SEINER Strafverweigerung beginnt die Scham der Täter. Würde SEIN

Person ist hier im existenzanalytischen Sinn als Ausdruck der geistigen Dimension des Menschen zu verstehen.

***Der wertfreie, unvoreingenommene Blick.*

****Die personale Existenzanalyse spricht in diesem Zusammenhang von der primären Emotionalität, die vermittels eines Handlungsimpulses sichtbare Wirkung erlangt.*

»JA!« nicht auch diese Scham in bedingungsloser Liebe bergen, verlöschte jedes Dasein in leidvoller Selbstanklage.

Erst nach der Befreiung aus dem Inferno flammender Selbstvorwürfe kann die ganze Fülle eines Lebens als unabänderliches Datum der Ewigkeit an diese zurückgegeben werden.

In der Regel entfaltet sich die Dramaturgie des Rückblicks entlang einzelner Szenen, die nur selten der tatsächlichen Chronologie folgen.*

Noch einmal legt sich der Glanz glücklicher Tage auf Episoden voll Freude und Lust, um von einem Menschen Abschied zu nehmen, dessen Daseinssplitter sich endlich zum heilen Ganzen eines sinnhaften Bildes ordnen können.

Nicht wenige Nahtod-Erfahrungen erreichen im Anschluß an die Stationen des zurückgelegten Lebens eine transzendente Qualität, die nur mehr mit mystischen Erleuchtungserfahrungen vergleichbar ist. In Begleitung des Lichtwesens werden Orte lebendigen Wissens aufgesucht, die jedem Neuankömmling die Möglichkeit freien Zugangs bieten.

In gläsernen Kathedralen, den weitläufigen Hallen lichtdurchfluteter Paläste, manchmal auch inmitten einer exotisch fremdartigen Naturlandschaft entsteht das gewaltige Kaleidoskop eines übergeordneten Zusammenhanges. Atemberaubende Visionen von den Anfängen der Menschheit, ihrer Zukunft in Städten aus Licht sowie dazwischenliegenden Entwicklungsstadien enthüllen einen kosmischen Plan. Den Plan des Lichtwesens, in welchem Sinn und Berechtigung jedes Einzelschicksals für immer aufgehoben sind: SEINEN Plan, der jedem Leiden an der Ungerechtigkeit der Welt widerspricht.**

**Ein deutlicher Akzent liegt dabei auf nebensächlich erscheinenden Szenen, die aus den Schatten aufdringlicher Erinnerungen in den Bedeutungsvordergrund treten.*

***Das Vorhandensein einer »kosmischen Datenbank« ist seit jeher ein gemeinsames Element mystischer Überlieferungen aller Regionen. Als erstaunliches Beispiel für frappierende Parallelen zwischen einer gewachsenen Tradition und Beschreibungen von Orten des Wissens in Nahtod-Erfahrungen mag die fernöstliche »Akasha Chronik« dienen. Ein Begriff, der nicht zuletzt durch die Werke von Rudolf Steiner auch im Abendland zu einiger Bekanntheit kam.*

Daß Menschen, deren Nahtod Erfahrung diese Tiefe erreicht hat, oft sogar nach tragischen Todesfällen nächster Angehöriger keinerlei Trauerreaktion mehr zeigen, findet hier seine logische Erklärung.

Eine junge Frau, die bei der Geburt ihres zweiten Kindes beinahe gestorben wäre, quittierte die Nachricht vom Tod des Neugeborenen mit einem wissenden Lächeln. Sie meinte später: »Ich habe meine Tochter* dorthin begleitet, wo sie glücklich ist, zu IHM. Am liebsten wäre ich ganz dort geblieben, aber ER hat mich zurückgesandt.« Auf die Frage, wie sie ihr erstes Kind, das aufgrund einer Behinderung auf dauernde Pflege angewiesen war, so leichtfertig hätte zurücklassen können, antwortete sie: »Das wäre schon o.k. gegangen. Bei IHM ist alles o.k., alles hat seine Richtigkeit. Ich weiß das jetzt. Es kann nichts wirklich Schlimmes passieren.«

In der tiefsten Phase der Nahtod-Erfahrung, deren Wirkung als spontane ganzheitliche Heilung** beschrieben werden kann, gelangt der Protagonist an die Grenze zwischen Nahtod-Erfahrung und Tod.

Je näher er dieser Grenze kommt, desto heftiger wird sein Widerstand gegen eine Rückkehr, die das Lichtwesen – im Falle einer Nahtod-Erfahrung – zur Erfüllung einer bestimmten Lebensaufgabe fordert. Nicht ohne zuvor auf die Unmöglichkeit hinzuweisen, die gewonnenen Einsichten in die irdische Dimension hinüberzuretten, und nicht ohne ein endgültiges Wiedersehen in Aussicht zu stellen.

**Niemand hatte ihr bis zu diesem Zeitpunkt gesagt, daß das verstorbene Neugeborene ein Mädchen war.*

***Im Vergleich mit der Wirksamkeit dieses Prozesses nehmen sich alle »irdischen Therapieversuche« lächerlich unbeholfen aus.*

Epilog: Denen, die zurückkehren – Das Versprechen des Lichtwesens

Zurück also! Das bedeutet Verzicht und Vergessen. Aber warum? Deine Aufgabe! *DU* kennst sie.

ER sendet *DICH* zu einem bestimmten Zweck zurück. *DU* kannst ihm nicht widersprechen. Ja, Du bittest IHN, *DU* flehst IHN an, aber *DU* widersprichst IHM nicht. *DU* weißt, es ist notwendig. Eben weil Du alles verstehst, alles einsiehst, weil *DU* bei IHM bist, kannst, darfst, willst *DU* nicht mehr zurück. Ein Konflikt ... Es geht schon los! ... Die Rückkehr! ...

Du wirst vergessen: Die Orte, die *DU* betreten durftest, was *DU* gesehen, gehört, auf mannigfaltige Weise wahrgenommen hast, wer *DU* gewesen bist und wieder sein wirst ... vergessen! Nur eine blasse Erinnerung und SEIN Versprechen werden Dich begleiten. SEIN Versprechen wird Deine einzige Zuversicht bleiben.

Dunkelheit ... Ein dumpfes Geräusch ... »Wir haben Ihn!« ... Die Stimme eines Arztes. Der Kampf der Helfer war erfolgreich. Leider! ... Schmerzen! ... Ein schrecklich beengtes Gefühl ... Du bist wieder in Deinem alten Körper ... Die Helfer ... Du spürst ihre Erleichterung, ihre Freude darüber, daß Du lebst ...

Wie konnten sie nur! Wieso haben sie Dich nicht einfach in Ruhe gelassen ... Wie das Licht blendet! ... Dir ist übel ... Wenn die wüßten, was Du gerade verloren hast, könnten sie Deine Wut auf sie verstehen ... Was Du verloren hast? ... Was war das noch gleich? ... Verdammt! ... Wie wenn Du aus Träumen erwachst, in denen es Dir gelungen ist, die Weltformel zu finden und Du am Morgen nur noch ahnst, wie banal die Lösung war, wie unglaublich, daß keiner sie erkennt, obwohl jeder sie täglich vor Augen hat: ... Verdammt!!! – Du hast es vergessen! ...

Und SEIN Versprechen? – Gott sei Dank! Noch da! ...

Na, immerhin etwas ... Und nicht das schlechteste! ... SEIN Versprechen! Jetzt erst begreifst Du seine Bedeutung.

Als wären verborgene Kräfte wirksam, versöhnt Dich SEIN Versprechen zuletzt mit der Tatsache Deines weiteren Lebens. ER hat eine freudige Erwartung in Dein Herz gepflanzt, die Dich nicht mehr verläßt ...

Aus dem Krankenhaus trittst Du in eine veränderte Welt. Aber die Welt ist die gleiche geblieben, Du bist ein anderer geworden – ein ganz anderer ... Deine Familie, Deine Freunde und Kollegen merken es ... Man wundert sich über Dich ... Woher kommt nur sein unstillbarer Wissensdurst, fragt man sich ... Warum benimmt er sich so seltsam, als ob ihm nichts mehr an seiner Karriere läge ... Kann sein, daß Beziehungen deshalb zerbrechen ... Du bist offener gegenüber allem ... Du orientierst Dich an neuen Werten.

Durch SEIN Versprechen kannst Du jeden Tag Deines Lebens ein neues Bruchstück des verlorenen Wissens wiedererlangen. Liebe und Wissen stehen im Mittelpunkt Deiner Aufmerksamkeit. Du beschäftigst Dich mit Dingen, die Du früher vielleicht nicht einmal beachtet hättest. Nachdem Du auch in Fremden die Weggefährten erkannt hast, begegnest Du ihnen verständnisvoller. Die Leistungen Deiner Intuition erreichen ein Ausmaß, das mitunter an Telepathie zu grenzen scheint.

Intuitiv erfaßt Du Stimmungen und Befinden anderer samt ihren Beweggründen, als wären es Deine eigenen. Schließlich verstehst Du ihre Ängste. Ängste, die in tausenderlei Gestalt über sie hereinbrechen, aber immer die eine, große Angst widerspiegeln: Die Angst vor der Auslöschung der Existenz, vor der völligen Vernichtung – dem Tod.

Du aber durchschaust jetzt den fatalen Irrtum, enthüllst das Trugbild. Du willst die Wahrheit vor ihnen aufdecken, ihnen helfen. Du versuchst es zumindest.

Doch nicht jeder ist so beherzt, sich hinter seiner Angst hervorzuwagen und einen Blick auf das Unbeschreibliche zu riskieren. Manche verachten Dich für das, was Du sagst, würden lieber Dich für verrückt erklären, als selbst den vermeintlichen Schutz ihrer Ängste verlassen. Die schmerzliche Diskrepanz zwischen dem Wert, den sie unablässig ersehnen, erahnen und dem Unwert, den sie täglich erleben müssen, öffnet einen bedrohlichen Schlund gegen sie.

Indem Du ihnen von SEINER Liebe erzählst, versuchst Du, ihnen dabei behilflich zu sein, sich wieder ihrer wirklichen Bestimmung zu entsinnen, um ihren Ängsten zu entsagen.

Deine veränderte Einstellung gründet auf einem neuen Verständnis vom Ziel eines Menschenlebens: Sich, aus SEINER Liebe heraus, vor SEINEM Versprechen, das allen gleichermaßen gilt, selbst als einzigartigen Wert wiederzufinden. Im Erkennen des eigenen kostbaren Wesens, das so unermeßlich ist wie SEINE Liebe, bist Du heil geworden und findest einen liebevollen Bezug zu jedem einzelnen Deiner Mitmenschen.

Du hast es an Dir selbst erfahren: Wessen Wert bestätigt wurde, um den braucht man sich keine weiteren Sorgen mehr zu machen. Egal unter welchen Umständen sein Leben auch verläuft, er wird stets auf andere wie auf sich selbst achten. Er wird alle Abwege meiden, weil er sich dafür zu gut – zu wertvoll – ist.

Du hast noch viel zu tun, bis Deine Aufgabe, der Sinn Deines Daseins, erfüllt ist. SEIN Versprechen ist Dein Wegweiser zu IHM. SEIN Versprechen: Daß ER *DICH* erwartet!

Kommentar

Die einzige Phase der Nahtod-Erfahrung, die mit großer Übereinstimmung negativ beschrieben wird, ist die Rückkehr in den irdischen Körper. Daß es nicht möglich bzw. nicht erlaubt ist, an jenem Ort in der Gegenwart dieses einzigartigen Lichtwesens zu verweilen, bleibt als Tatsache nur schwer erträglich. Zu wunderbar ist das Erleben, zu phantastisch die gewonnenen Erkenntnisse, als daß man ihnen so ohne weiteres entsagen könnte.

Das Lichtwesen klärt den Protagonisten der Nahtod-Erfahrung über die Bedeutung einer bestimmten – einzig von ihm erfüllbaren – Mission auf* und fordert seine Rückkehr. Diese Aufforderung hat nur selten die Form eines Befehls. Häufiger hält das Lichtwesen dem Protagonisten die Notwendigkeit einer Rückkehr vor Augen, um ihm die Entscheidung letzten Endes selbst zu überlassen.

Eine Wahl, die freilich nicht viele Möglichkeiten bietet. Dennoch wird die Widersprüchlichkeit der »freien Entscheidung angesichts einer zwingenden Notwendigkeit« nicht für unangebracht gehalten. Es scheint dieses Freistellen einer Wahl eher die Erinnerung an eine längst getroffene Entscheidung hervorzurufen. Eine Entscheidung, die es nun entsprechend durchzuhalten gilt.**

Der bevorstehende Verlust des gerade erst wiedergewonnenen Wissens macht es besonders schwer, sich von IHM zu trennen. Einzig SEIN Versprechen bietet einen gewissen Trost für die kommenden Entbehrungen.

Die Rückkehr selbst wird zumeist als unangenehm und von störenden akustischen wie taktilen Empfindungen begleitet beschrieben, was einmal mehr belegt, daß emotionaler Widerstand gegen den Ablauf der Nahtod-Erfahrung diese negativ

Siehe V. Station: Die Offenbarung des Lichtes

***Daß jemand von selbst zurückkehren will, eine Rückkehr vom Lichtwesen sogar erbittet, kommt äußerst selten und auch dann nur im Rahmen nicht besonders tiefer Nahtod-Erfahrungen (solcher, die nicht über die Begegnung mit einem Lichtwesen hinausgehen) vor.*

einfärbt. Und wirklich, je unbefangener jemand die Rückkehr akzeptiert, desto neutraler gestaltet sich sein Wiedereintritt in den physischen Körper.

Nur selten kommt es zur bewußten Fahrt durch einen Tunnel. Meist umfängt den Protagonisten undurchdringliche Dunkelheit, bevor er sich in seinem gerade »dem Tode entronnenen« Körper wiederfindet.

Während die Rückkehr sehr schnell vonstatten geht, benötigt die erneute Gewöhnung an alte Lebensumstände sehr viel mehr Zeit. Bittere Vorwürfe an alle an der Wiederbelebung beteiligten Helfer, die sich bis zu höchst aggressiven verbalen Attacken steigern können, sind keine Ausnahmen.

Versuche, andere (medizinisches Personal, Angehörige ...) von der Nahtod Erfahrung zu überzeugen, führen oft zu ablehnenden Reaktionen* und werden deshalb bald wieder aufgegeben.

Erst allmählich stellen sich die erstaunlichen – »lebenslänglichen« – Nachwirkungen einer Nahtod-Erfahrung ein (die ausführlich in der Gebrauchsinformation beschrieben sind)**

Das Versprechen des Lichtwesens ist für das weitere Leben eines vom Rande des Todes zurückgekehrten von zentraler Bedeutung. Obwohl es ein sehr persönliches Versprechen ist, bezeugt es SEINE Wertschätzung jedem einzelnen Menschen gegenüber – als Manifestation SEINES Verstehens und SEINER Liebe. Mit sich selbst im reinen, wird jeder Tag zu SEINEM Geschenk, einer zusätzlichen Gelegenheit, persönliche Werte in Erfüllung seiner Lebensaufgabe zu verwirklichen. Dabei nehmen Liebe und der stete Gewinn neuen Wissens in der Hierarchie der Werte die obersten Ränge ein.

Das Wiedererkennen des eigenen, einzigartigen (Selbst)Wertes in SEINER Liebe für die gesamte Menschheit, kennzeichnet

**Ärzte reagieren meist voreingenommen pathologisierend, während Angehörige in der Regel erhebliches Unbehagen an »einem so beklemmenden« Thema signalisieren. So oder so bleibt man mit seinem Erlebnis alleine, und um nicht vollends für verrückt gehalten zu werden, vermeidet man es schließlich ganz, darüber zu sprechen.*

***Siehe die Abschnitte: Die Nahtod Erfahrung, S. 24 und: Wie wirkt die Nahtod Erfahrung, S.35.*

eine Läuterung der Person* die fortan sogar im bedrückendsten Alltag die Spuren eines erstaunlichen Sinnes zu entdecken vermag.

Die Konsequenzen eines derart transformativen Potentials von Nahtod-Erfahrungen sind wahrlich unabsehbar und lassen für die Zukunft spektakuläre Veränderungen vieler Lebensbereiche erwarten.**

**Person* ist hier wiederum im existenzanalytischen Sinn als Ausdruck der geistigen Dimension des Menschen zu verstehen.*

***Menschen, die im Zuge ihrer Nahtod-Erfahrung ein spirituelles Erlebnis hatten, um das sich die meisten Kirchenväter ein Leben lang umsonst bemühen, fordern die längst fällige Angleichung seelsorgerisch pädagogischer Bestrebungen an Bedürfnisse und Nöte des modernen Menschen und wehren sich zusehends gegen die plumpe Verteidigung lächerlich veralteter Doktrinen durch die großen institutionellen Religionen.*

Wer sich zum Beispiel in der Erziehung von Kindern und Jugendlichen daran orientiert, in seinen Schutzbefohlenen das Feuer SEINER Liebe zu entfachen, kann auf vorgefaßte apersonale Erziehungskonzepte überhaupt verzichten. Auf Konzepte nämlich, die vornehmlich die Angst der Erzieher vor der eigenen verdrängten Triebhaftigkeit und damit mangelndes Vertrauen in sich selbst sowie in die »Opfer« ihrer Mißtrauenspädagogik zum Ausdruck bringen.

Verlockungen und Gefährdungen der heutigen Jugend verlieren schnell ihre Schrecken, wenn das sichere Wissen um die Einzigartigkeit der eigenen Person schon im Umgang mit Kindern diese zu lustvoller und angstfreier Selbstentfaltung bedingungslos ermuntert.

Ein anderes – personenorientiertes – Schulwesen zeichnet sich ab, in welchem die unvoreingenommene Auseinandersetzung mit existentiellen Themen (wie Nahtod-Erfahrungen) den Religionsunterricht ablöst, der schon viel zu lange zur beschämenden Selbstinszenierung selbstverlorener Moralisten verkommen ist.

»Die Kirche« bliebe ein prominenter Teil des Geschichtsunterrichtes aber – wie ohnehin jeder weiß – ohne Bedeutung für die Gegenwart der heutigen Jugend. Jene, welche den rigid anachronistischen Einfluß der Religion zurückwünschen, tun dies aus eben der Angst, die einzig die Auseinandersetzung mit der Wahrheit der Nahtod-Erfahrung beseitigen kann.

Wie ein Theologiestudent nach seiner »Rückkehr« meinte: »Der Katechismus als Droge, um der Wahrheit zu entfliehen, wirkt nicht mehr!« Und: Er hat recht!)

Anhang: Die Übungen

Die folgenden Übungen bieten eine Möglichkeit die Erfahrung des Totenbuches zusätzlich zu vertiefen. Sie sind entsprechend den Stationen des Totenbuches numeriert, denen sie gewissermaßen als praktische Demonstrationen zugeordnet werden können. Aus verschiedenen Disziplinen (Hypnose, Atemtherapie, Traumpsychologie ...) wurden verschiedene Techniken ausgewählt, die dazu beitragen, sich einen lebendigen Eindruck einer bestimmten Station zu verschaffen.

Darüber hinaus stellen sie aufschlußreiche Belege für die hohe allgemeine Bedeutung von Nahtod Erfahrungen für Therapie, Selbsterfahrung und spirituelle Entwicklung dar.

Da die Übungen selbst kein Teil des Totenbuches sind, sollten sie als Ergänzungen verstanden werden, derer man sich bei Bedarf und Interesse nach eigenem Dafürhalten (experimentierfreudig) bedienen mag.

Übung I: Dein Ort der Ruhe und Sicherheit

Da diese erste Übung auch die Grundlage bzw. den Ausgangspunkt für Übungen zu anderen Stationen bildet, wird sie entsprechend ausführlich behandelt. Personen, die bereits über Erfahrungen mit imaginativen Techniken verfügen, dürften mit der Anleitung keine besonderen Schwierigkeiten haben. Mit denjenigen, die für sich noch keinen Zugang zu solchen Verfahren finden konnten, ist in einer kurzen Vorbesprechung darauf hinzuweisen, daß sie sich unter keinerlei Erfolgsdruck setzen müssen, sondern dem Text wie einer Geschichte folgen können. Je unvoreingenommener man an die Übung herangeht, desto deutlicher ist die zu erwartende Wirkung.

Ich möchte Dich zu einer Reise einladen, die Dich an einen Ort führt, den Du kennst. Einen Ort, der Dir näher liegt als Deine Vorstellungen und Gedanken, näher sogar als deine Sorgen und Nöte, die an jenem Ort die Bedeutung verlieren, die Du ihnen gabst. Ich will Dich an eine natürliche Fähigkeit erinnern, welche Dir – wie jedem Menschen – ohne weiteres zur Verfügung steht.

Du brauchst Dich nur daran zu erinnern, wie oft Du als Kind ganz in Deiner Phantasie lebtest, wenn Du gebannt den Geschichten lauschtest, die Dir von den Eltern vorgelesen wurden.

Wenn Du bereit bist, schließe jetzt Deine Augen und überlasse Dich ganz der Unterlage, die Dich sicher trägt. Erlaube es Deiner inneren Aufmerksamkeit, frei in Deinem Körper zu wandern: Spüre, wie diese dynamische Aufmerksamkeit die Empfindungen Deines Körpers verändert, wie die Regionen und Funktionen Deines Körpers bereits in ihrer eigenen Art und Weise auf die Berührungen Deiner Achtsamkeit antworten, wie sich Wärme oder Kühle, Schwere oder Schwerelosigkeit, erhöhte Empfindsamkeit oder willkommene Empfindungslosigkeit ungezwungen einstellen dürfen und sich in lebendigem Wechselspiel gegenseitig ablösen.

Gestatte es diesem Spiel Deiner Aufmerksamkeit mit den unterschiedlichen, sich verändernden Wahrnehmungen Deines Körpers so stattzufinden, wie es der Befindlichkeit dieses Körpers am meisten entspricht. In den Füßen ... entlang der Beine ... im Unterleib ... dem Gesäß ... entlang des Rückens ... in Bauch und Brust ... den Schultern ... den Armen ... bis in die Hände ... in jedem Finger ... den Nacken aufwärts ... bis in den Kopf ... in Deinem ganzen Körper ... wo Du es willst. Mehr und mehr beginnst Du diese Fähigkeit zu schätzen: In Deinem eigenen Körper völlig frei und ungehindert umherzustreifen. Wie in einem großen Haus wanderst Du interessiert von einem Raum zum nächsten, verweilst in jedem der Stockwerke, schreitest voran von Zimmer zu Zimmer, entdeckst Hallen und Gänge, Gemächer und Kammern mit unterschiedlichen Funktionen – so unterschiedlich wie eben die Funktionen Deines Körpers. Du findest Wohnräume ... Schlafzimmer ... ein Gästezimmer ... die Kinderzimmer ... eine Rumpelkammer ... die Wirtschaftsräume ... die Speisekammer ... die Küche ... den Speiseraum ... einen Wintergarten ... die Terrasse ... Balkone ... eine Mansarde ... den Dachboden. Eine Vielzahl verschiedenartiger Räume. So verschieden wie ihre Einrichtungen. Manche luxuriös, fast verschwenderisch, andere karg, beinahe schäbig.

Nimm Dir jetzt Zeit für einen Rundgang in diesem Deinem Haus. Lerne es kennen. Laß Dich dabei weder von übertriebenem Prunk vorschnell vereinnahmen, noch von vielleicht festzustellender Baufälligkeit, leichtfertig abschrecken.

Sieh Dir alles an – so wie es ist. Auch wenn die Versuchung bisweilen groß ist, etwas zu verändern, eine kleine Unordentlichkeit schnell zu beseitigen, ein Bild geradezurücken, einen Ziergegenstand vorteilhafter zu positionieren, laß alles an seinem Platz, gerade so, wie Du es vorfindest.

Verschaffe Dir einen Gesamteindruck dieses Hauses, das Du schon so lange bewohnst. Sammle unvoreingenommen alle Eindrücke als neue Hinweise auf Dich selbst als den Bewohner des Anwesens.*

**Wird die Übung vorgesprochen, ist es ratsam, an dieser Stelle eine kurze Pause zu machen, wobei es sich empfiehlt, die Länge der Pause vorher abzusprechen. Es ist aber darauf zu achten, daß die dafür vorgesehene Zeitspanne nicht allzu großzügig bemessen wird, da sich in entspanntem Zustand auch das Zeitempfinden ändert. Eine Dauer von dreißig bis höchstens sechzig Sekunden hat sich in vielen Fällen gut bewährt. Eingeleitet werden kann diese Zäsur etwa mit folgenden Worten: Ich werde an dieser Stelle auf Dich warten um nach Deinem Erkundungsgang die gemeinsame Reise an Deinen Ort der Ruhe und Sicherheit wieder aufzunehmen.*

Begeben wir uns nun gemeinsam an das Ziel unserer Reise: an Deinen Ort der Ruhe und Sicherheit. Bestimmt ahnst Du bereits, daß sich dieser Ort nicht im Getümmel der Welt – außerhalb des Hauses – sondern nur im Haus selbst, in den Tiefen seines Fundamentes befinden kann.

Unbeeindruckt von der Betriebsamkeit des Alltags, ja sogar unabhängig von Zustand und Mängeln des restlichen Hauses, allen Gefährdungen, durch externe Bedrohungen wie Unwetter, Kriege oder andere Katastrophen zum Trotz weilt dieser älteste Teil des Hauses tief im Inneren der Erde, in die er mit seinen starken Grundmauern reicht, seit jeher bereit, Dich in seine Geborgenheit aufzunehmen.

Mach Dich nun auf Deinen Weg hinab in die Tiefen der Gewölbe, die eingelassen ins Fundament, begrenzt von unerschütterlichen Grundmauern, Deinen Ort der Ruhe und Sicherheit beherbergen.

Steige in zehn Schritten, die Du leise für Dich selbst zählst, tiefer und tiefer, bis Du an Deiner eigenen Gelassenheit bemerkst, daß Du dort angekommen bist, wo Dich in entspanntem Verweilen nichts mehr zu stören vermag. Laß den Atem Deine Treppe sein, die Dich mit dieser Stätte vorbehaltloser Geborgenheit verbindet.

Beginne mit einem tiefen Atemzug und zähle mit jedem Ausatmen weiter ... von eins bis zehn ... tiefer und tiefer ... ruhiger und ruhiger ...

Spüre mit jedem Schritt, mit jedem Atemzug, wie Du Dich Deinem Ursprung, Deinem Fundament näherst. Bis Du bei zehn zur Ruhe kommst, weit ab von allen Stimmungen, Gedanken, Bildern, die Du am fernen Horizont ihre Bahnen ziehen läßt, unbeeindruckt von ihrem Getöse und Rumoren, das Dich schon nicht mehr erreicht.

Ohne sie aufzuhalten, läßt Du sie fahren, wie Du Dich selbst – entlang Deines Atems – behutsam in die Tiefe sinken läßt. Beginne jetzt ...*

Du hast Deine Zuflucht jetzt erreicht ... den Ort an dem Du Dich in absoluter Sicherheit, wann immer Du willst, wie lange Du willst, aufhalten kannst ... den Ort, in Dir selbst ... in Deinem Innersten ... wo alle Reisen ihren Ausgang nehmen ... und ihr Ziel finden ... in Frieden mit Dir selbst, Deinem Tun, Deinem Wollen ... wo Du alle Dinge, die guten und die schlechten, lassen kannst, wie sie sind ... wo Du schon als Kind der gleiche warst, der Du in diesem Augenblick bist ... wo Du in diesem Augenblick wieder der gleiche bist, der Du noch als Kind warst ... wo die Erschütterungen Deines Hauses keine Folgen haben ... wo Dunkelheit und Licht, Worte und Bilder, Gefühle und Gedanken, Stille und Lärm das gleiche bedeuten ... zur Ruhe kommen ... wo Du vielleicht schon eine andere Pforte ahnst, den Durchlaß ...

Genieße diese Rast an Deinen Quellen, bis Du die Zeit zur Rückkehr für gekommen hältst.

Steige dann in zehn Schritten die Treppe Deines Atems wieder empor ans Tageslicht Deines Wachbewußtseins. Beginne dazu mit zehn und zähle zurück bis eins. Bei jedem Einatmen ein Schritt, eine Zahl ... von zehn bis eins ... zurück in Deinen Alltag, den Du erfrischt und gestärkt erreichst ... in der Gewißheit, einen Ort wiederentdeckt zu haben, dessen Segnungen für Dich bereit stehen, wann immer Du ihrer bedarfst.

**Wird die Übung vorgesprochen, sollte man, um sicherzugehen, daß einerseits die Anweisungen zeitlich befolgt werden können, andererseits aber der enge Kontakt zum Probanden nicht abreißt, etwa fünfzehn seiner Atemzüge abzählen, ehe man im Text fortfährt. Überhaupt ist der Atmung des Probanden höchste Aufmerksamkeit zu widmen. Gelingt es, das Sprechtempo nach und nach an seinem Atemrhythmus zu orientieren, verstärkt das die Verbindung zum Probanden und erleichtert ihm damit erheblich, den Einladungen »der gemeinsamen Reise«, in einen möglichst tiefen Entspannungszustand, Folge zu leisten.*

Übung II: Luzides Träumen – Reisen in einer anderen Wirklichkeit

Die zweite Übung stellt eine Methode zur Intensivierung des »nächtlichen Traumlebens« vor, um damit ganz außergewöhnliche Erfahrungen zu ermöglichen. Soll die Übung als Ergänzung zu palliativen Bemühungen verwendet oder in etwaige therapeutische Maßnahmen eingebaut werden, gilt auch hier – wie schon für die erste Übung – die Notwendigkeit einer Vorbesprechung, um zu klären, ob das in diesem Rahmen empfohlene Vorgehen den Bedürfnissen des Probanden überhaupt entspricht bzw. ihn nicht mental überfordert. Es muß andererseits darauf hingewiesen werden, daß gerade körperlich schwer beeinträchtigten Menschen mit dieser Übung eine Erlebens- und Genußfähigkeit erhalten bleibt (sich wieder erschließt), die unter anderen Umständen längst hätte aufgegeben werden müssen (aufgegeben worden ist).

Unterschiedlichste Kulturen (und Kulte)* haben es zu allen Zeiten verstanden, Techniken zu entwickeln, die es Menschen erlaubten, sogenannte Seelenreisen zu unternehmen. Diese Techniken sind jedoch ausschließlich im Kontext ihrer kulturell – kultischen Entstehung bzw. Einbettung zu verstehen als auch anzuwenden.

Trotz der unüberschaubaren Vielfalt aller seit den Anfängen der Menschheit beschrittenen Wege gibt es doch ein gemeinsames Muster, das allen Bemühungen zur Erlangung einer derart »nicht alltäglichen Wahrnehmungsfähigkeit« zugrundeliegt. Mit Hilfe psychoaktiver

**Das bekannteste Beispiel ist wohl der schon vor Jahrtausenden global verbreitete Schamanismus, dessen Anhänger es zu einer wahren Meisterschaft im Verlassen ihres Körpers zum Zwecke bewußter Jenseitsreisen brachten.*

Manipulationen (rituelle Tänze, Reizüberflutung und -deprivation, die Einnahme halluzinogener Substanzen, Fasten etc.) wurde zuerst das normale Alltagsbewußtsein so verändert, daß einlangende Sinneseindrücke zu einer anderen Wirklichkeit verarbeitet werden konnten.

In der Folge wurde die Eigengesetzlichkeit der neuen Wirklichkeiten zur Überwindung der überlebensnotwendigen Zensur der Bewußtseinsinhalte* genutzt, um auf diese Weise zu direkten – unzensierten – Einblicken in die eigene Psyche zu gelangen, die nach der »Rückkehr« ins Alltagsbewußtsein als Äußerungen einer übergeordneten Instanz (Gottheit, Dämon, Natur als solche etc.) gedeutet und entsprechend den vorherrschenden religiösen oder mystischen Überzeugungen interpretiert wurden.

Besonders in der zweiten Hälfte des 20. Jahrhunderts ist es zu einem regelrechten »Boom« archaischer Techniken der Bewußtseinsveränderung als Ausdruck radikaler Kulturkritik gekommen ist.

Dir stehen diese größtenteils aus anderen Zeitaltern anderer Kulturen stammenden Methoden aufgrund ihrer Irrelevanz für den Lebensstil einer modernen Industriegesellschaft (deren »Teilnehmer« Du nun einmal bist) nicht wirklich zur Verfügung.

Dennoch gibt es einen veränderten Bewußtseinszustand, den Du sehr gut kennst, weil Du ihn täglich bzw. nächtlich erlebst: Den Traum. Ohne Dich irgendwelcher ausgefallener Techniken zur Manipulation Deines Alltags

** Zensur der Bewußtseinsinhalte meint die die Tatsache, daß viele mögliche Wahrnehmungsbedeutungen unbewußt bleiben bzw. verdrängt werden müssen, um die Alltagsbewältigung nicht durch – teil widersprüchliche – Ablenkung der bewußten Aufmerksamkeit auf innerpsychische Konflikte zu gefährden.*

bewußtseins bedienen zu müssen,* bieten dir die selbst gestalteten Wirklichkeiten Deiner Träume eine ideale, jederzeit erreichbare Möglichkeit für aufregende Abenteuer jenseits der Grenzen Deines physischen Körpers.

Diese Übung soll Dir einen Eindruck davon vermitteln, wie es ist, wenn man sich unabhängig von seinem Körper auf jede erdenkliche Art fortbewegen und sich jeden Wunsch erfüllen kann. Das Ziel der Übung ist es, Dir das Gefühl näherzubringen, das sich einstellt, wenn Du mit bewußten Unternehmungen nicht mehr auf einen physisch begrenzten Körper angewiesen bist.

Ich möchte Dich dazu mit einer allgemein menschlichen Fähigkeit bekanntmachen, die Du wahrscheinlich schon einmal selbst erlebt hast. Vielleicht ist Dir schon einmal inmitten eines Traumes plötzlich klargeworden, daß Du träumst. Einen solchen »bewußten« Traum bezeichnet man als »luziden Traum« oder »Klartraum«.**

Unter Verwendung einiger leicht zu erlernender und unmittelbar anwendbarer Techniken kannst Du diese Gabe unter Kontrolle bringen, d. h. die Häufigkeit luzi-

**Techniken, die in der Regel jahrelanges regelmäßiges Üben verlangen, um zum gewünschten Resultat zu führen, das nicht selten in Anbetracht der investierten Zeit eher bescheiden ausfällt. Diese Ineffizienz hängt wiederum damit zusammen, daß es einem Angehörigen einer bestimmten Kultur nur sehr schwer – wenn überhaupt – möglich ist, sich in die intimsten (prärationalen) Überzeugungen einer anderen Kultur einzuleben. Man mag es bedauern oder nicht, aber die bewußtseinsmanipulative Herstellung einer anderen Wirklichkeit ist nicht – wie in den meisten Hochkulturen der Vergangenheit – das tradierte Allgemeingut postmoderner Konsumgesellschaften.*

***Moderne Schlafforschung hat herausgefunden, daß es sich dabei tatsächlich um ein Aufwachen bei gleichzeitigem Fortdauern von Schlafen und Träumen handelt. Nur die für bewußtes Selbsterleben und rationales Denken zuständigen Areale des Gehirns sind hellwach, während das übrige Zentralnervensystem schläft bzw. in einem – aufgrund der auftretenden schnellen Augenbewegungen – als REM (Rapid Eye Movement) Phase benannten Schlafstadium träumt.*

der Träume erheblich steigern. Mit etwas Übung dürfte es Dir dann auch gelingen, Deine luziden Träume nach Deinem Willen zu lenken.

Du wirst mitten in einem »gewöhnlichen« Traum »aufwachen« und wissen, daß es ein Traum ist. Du wirst den Inhalt des Traumes bewußt verändern bzw. durch einen völlig anderen ersetzen können. In Deinen Klarträumen wirst Du fliegen, Dich an jeden beliebigen Ort Deiner Vorstellung begeben, den Menschen begegnen, die Dir am Herzen liegen, alle Arten von Hindernissen ohne Schwierigkeiten überwinden, Deine Gestalt nach Belieben wechseln sowie viele andere verblüffende, nie für möglich gehaltene Dinge tun.

In Deinen Träumen – nur in Deinen Träumen – sprengst Du alle Grenzen. Die Intensität des Erlebens unterscheidet jedoch solche bewußten, luziden Träume ganz erheblich von »üblichen« nicht luziden Träumen, an die Du Dich vermutlich ohnedies selten (länger) erinnerst.

Ein luzider Traum ist – abgesehen von seinen mitunter spektakulären Inhalten – hinsichtlich seiner »Gefühlsechtheit« nicht von Deinem Alltagserleben zu unterscheiden. Da Dein Bewußtsein (Dein Ich) in einem Klartraum genauso wach ist wie am hellichten Tag, sind auch Deine Empfindungen von der gleichen »wachen« Qualität.

Wenn Du fliegst, spürst Du Temperatur und Widerstand der Luft, nimmst Gerüche und Geräusche wahr, bemerkst markante Einzelheiten der vorbeiziehenden Landschaft ... Mit einem Wort, Du fliegst tatsächlich – in einer anderen Wirklichkeit, die zu diesem Zeitpunkt genauso wirklich ist wie jene Wirklichkeit, die Du tagsüber mit deinen Mitmenschen teilst.

Indem Du diesen speziellen Aspekt eines gewaltigen – in Vergessenheit geratenen – Potentials des Schlafes für Dich wiederentdeckst, gehen in Deinen luziden Träumen Deine »kühnsten Träume« (wie Deine geheimsten Wünsche) in Erfüllung.

Ausschließlich in der bewußten – »vor Ort« zu gestaltenden – Auseinandersetzung mit den schöpferischen Epiphänomenen des Schlafes, erhalten unsere Träume die Bedeutung zurück, die ihnen zukam, bevor sie zu den farblosen, bisweilen lästigen, nur noch selten faszinierenden Epigonen eines überschätzten Alltagsbewußtseins verkümmert sind. Es ließe sich noch viel über luzides Träumen sagen,* da es aber im Zusammenhang des Totenbuches lediglich darum gehen kann, Dich zu einem ungefährlichen Experimentieren mit einer Deiner ursprünglichsten Fähigkeiten einzuladen, wenden wir uns nun dem praktischen Vorgehen zu.

Einschlägige Fachliteratur stellt mittlerweile eine erhebliche Anzahl ausgereifter Methoden zur Erlangung

**Es sei an dieser Stelle auf die Arbeit des internationalen Lucidity Institute hingewiesen, das von Stephan LaBerge – einem Pionier der modernen Traumforschung – geleitet wird. Wie keinem anderen ist es LaBerge gelungen, das gewaltige Potential luzider Träume zu erkennen und durch Entwicklung einer Vielzahl wirkungsvoller Techniken (zur Induktion Luzider Träume) einer breiten Öffentlichkeit zugänglich zu machen. Allen, die beabsichtigen, sich eingehender mit dieser Thematik zu beschäftigen, seien seine Publikationen empfohlen. LaBerge hat in seinen Forschungen die vielfältigen therapeutischen Perspektiven des Klarträumens aufgezeigt. Unter anderem haben sich daraus effiziente neue Ansätze für die Behandlung von Angsterkrankungen, Sexualpathologien und den Umgang mit schwerer Körperbehinderung ergeben. Geht es um ein ungefährliches Aufsuchen angstbesetzter Situationen, das legitime Ausleben gesellschaftlich sanktionierter sexueller Phantasien oder die Wiedererlangung verlorener körperlicher Leistungs- bzw. Bewegungsfähigkeit, in luziden Träumen ist dies mit einer natürlichen Intensität möglich, die sich nicht von der tatsächlichen Ausführung entsprechender Handlungen in der alltäglichen Wirklichkeit unterscheidet (luzide Träume als Gelegenheit gefahrlos therapeutisch hochwirksame Erfahrungen zu sammeln). Für spezielle Literatur, Nachrichten über den aktuellen Stand empirischer Forschung sowie Auskünfte über den nächsten Standort einer mit Klarträumen beschäftigten Institution (weltweit) wendet man sich am besten direkt an: The Lucidity Institute, Box 2364, Dept. B2, Stanford CA 94309, Tel. (415) 851-0252.),* bewußter Kontrolle über einen Teil des Traumlebens bereit. Ich will Dir im Rahmen dieser Übung ein Verfahren anbieten, das aus der Kombination zweier ebenso einfach anzuwendender wie wirksamer Techniken (Memonische Induktion und Tagtraumtechnik)* entstanden ist und sich in der Praxis bereits ausgezeichnet bewährt hat.

Solltest Du Dich (wie sehr viele Menschen) allgemein an Deine Träume schlecht erinnern können, empfiehlt es sich, ein sogenanntes Traumtagebuch zu führen, indem Du alle Träume, an die Du Dich beim Aufwachen noch erinnerst, unverzüglich notierst. Auf diese Weise wird sich Dein Traumerinnerungsvermögen in kurzer Zeit merklich verbessern.

Luzide Träume wirst Du ohnedies problemlos im Bewußtsein behalten, da sie sich – gerade aufgrund des bewußten Erlebens – nicht wie andere Träume mit erwachendem Bewußtsein zunehmend verflüchtigen.

Die angekündigte Kombinationstechnik besteht eigentlich nur darin, daß Du Dir einige Male (ca. fünf Mal) über den Tag verteilt selbst folgende Aufforderung zusprichst: »Ich will mich daran erinnern: Wenn Ich das nächste mal träume, wird mir auffallen, daß ich träume!«.

Stell Dir jedesmal im Anschluß an diese Selbstanweisung vor, wie es wäre, wenn Du plötzlich wüßtest, daß Du Dich in diesem Augenblick inmitten eines Traumes befindest. Male Dir in möglichst bunten Einzelheiten lebhaft aus, was Du als nächstes tun wirst, nachdem Du erkannt hast, daß alles, was Du gerade wahrnimmst, Teil eines Traumes ist, den Du nach Belieben verändern kannst. Erlaube Dir zu diesem Thema einen kurzen Tagtraum. Bei konsequenter Anwendung dieses

**Beide Techniken wurden von zwei führenden Traumforschern entwickelt. Die memonische Induktion von Stephan LaBerge (siehe obige Fußnote), die Tagtraumtechnik hauptsächlich von Paul Tholey – einem Frankfurter Psychologieprofessor.*

Vorgehens dürfte es Dir gelingen, innerhalb von ein bis zwei Wochen (durchschnittlicher Erfahrungswert) mindestens einen luziden Traum zu haben.

Bei Fortsetzen der Übung wird sich in der Folge die Häufigkeit luzider Träume stetig erhöhen, und Du lernst schließlich, deren unbegrenzte Möglichkeiten immer besser zu nutzen.

Wenn es Dir mit Hilfe der ersten Übung leichtfällt, einen tiefen Entspannungszustand zu erreichen, solltest Du diese ebenfalls in Deine Bemühungen um Klarträume einbinden, indem Du die zweite Übung gleich »in der stillen Abgeschiedenheit Deines Ortes der Ruhe und Sicherheit« ausführst.

Wird die erste Übung vorgesprochen, können die Instruktionen der zweiten Übung unmittelbar, bevor es dort heißt:

»... Genieße diese Rast an Deinen Quellen, bis Du die Zeit zur Rückkehr ...«, folgendermaßen in den Text eingebaut werden: »In Deinen Träumen kennst Du schon lange den Weg in eine andere Wirklichkeit. Eine Wirklichkeit, in der es für Dich keine Grenzen mehr gibt, keine Einschränkungen irgendwelcher Art.

Ich möchte Dich jetzt zum bewußten Erleben Deiner Traumwelten auffordern. Wenn Du das nächste Mal träumst, wirst Du Dich einfach daran erinnern zu bemerken, daß Du träumst! ... Stell Dir schon jetzt vor, wie es sein wird, im Traum all das tun zu können, was Dir am meisten Spaß macht, ohne auf alltägliche Gepflogenheiten Rücksicht nehmen zu müssen. Stell Dir vor, Du befindest Dich bereits jetzt inmitten eines Traumes ... hörst eine Traumstimme Dich fragen: Was willst Du als nächstes tun? ... Gib Dich ganz Deinen Phantasien hin! ... Laß Deine Wünsche in Erfüllung gehen! ... Kehre danach zurück, an Deinen Ort der Ruhe und Sicherheit ...

Wenn Du aus Deinen ersten bewußt herbeigeführten Klarträumen vor lauter Begeisterung oder weil Du im Traum zu lange auf den gleichen (Traum-) Gegenstand geblickt hast (Behinderung der zum Träumen notwendigen schnellen Augenbewegungen) abrupt aufwachst bzw. aufzuwachen träumst (»falsches Erwachen«), sind das Dinge, die Du mit etwas Übung mühelos unter Kontrolle bringst.

Viel Vergnügen bei Deinen Abenteuern in einer anderen Wirklichkeit!

Übung III: Die Höhle des Atems

Die dritte Übung beinhaltet die Vorstellung einer Methode, welche durch Nutzung einer bestimmten Atemtechnik zu intensiven Erlebensinhalten führen kann.

Für Epileptiker, Menschen mit Atemwegs- bzw. Herz-Kreislauf-Erkrankungen sowie für diejenigen, die häufig unter Panikattacken, schweren Depressionen oder psychotischen Schüben leiden, ist es ratsam, die Übung in Anwesenheit eines entsprechend geschulten Therapeuten durchzuführen. Es kann im Rahmen der Übung zum Auftreten eines Hyperventilationssyndroms kommen, weshalb bei Verdacht auf etwaige ungünstige Wechselwirkungen bzw. Unverträglichkeiten Rücksprache mit dem Hausarzt zu halten wäre. Dies hängt nicht mit einer erhöhten Gesundheitsgefährdung durch die Übung zusammen, die bei Befolgung der Anweisungen tatsächlich nicht gegeben ist, sondern dient einzig der Vermeidung unerwünschter – die nutzbringende Ausführung störender – Folgen einer inneren Unsicherheit. Sieht man einmal davon ab, daß das Leben selbst in höchstem Maß gesundheitsgefährdent ist, bedeutet diese Übung jedenfalls kein zusätzliches Risiko.

In dieser Übung lenke ich Deine Aufmerksamkeit auf die Atmung. Die Bedeutung der Atmung für das organisch – emotionale Gleichgewicht wurde von der abendländischen Psychologie und Medizin erst in der zweiten Hälfte des 20. Jahrhunderts wieder bedacht. So hat man etwa innerhalb der Psychoneuroimmunologie* erkannt, daß verstärktes Atmen zu einer Intensivierung des emotionalen Erlebens führt, was sich wiederum höchst vorteilhaft auf das menschliche Immunsystem auswirkt.

**Psychoneuroimmunologie bezeichnet einen interdisziplinären Forschungsansatz zum besseren Verständnis der Funktionsweise des menschlichen Immunsystems und seiner Beeinflußbarkeit. Wie schon der Name verrät, haben sich für dieses Unternehmen Vertreter von Psychologie, Neurologie und der medizinischen Immunologie zusammengeschlossen.*

In den frühen siebziger Jahren hat intensives Atmen Eingang in die Psychotherapie gefunden und wird seither dafür genutzt, emotionale Blockierungen zu bearbeiten, verdrängte Konflikte wieder ins Bewußtsein zu heben sowie pathogene Geburtstraumata zu verarbeiten.

Daß aus der »atemtherapeutischen Praxis« vielfach von Tunnelerfahrungen als Ausdruck einer psychischen Konfliktlösung berichtet wird, macht sie für unsere gemeinsame Annäherung an die III. Stationen der Nahtod-Erfahrung so interessant.*

Wenn Du die Übung im Sinne der Anweisungen ausführst, wirst Du an Dir zuerst körperliche Veränderungen bemerken. Es handelt sich hierbei um die Folgen des durch verstärktes Atmen verursachten Hyperventilationssyndroms (höhere Sauerstoffanreicherung des Blutes). Verkrampfungen in den Extremitäten (die sogenannte Scheren – Stellung der Hände ist ein bekanntes Phänomen), Druckgefühle im Stirn – Augenbereich, Spannungen im Gesicht (besonders um den Mund), Kiefersperre sowie »Ameisenlaufen« auf Brust und Unterleib sind häufige Reaktionen des Körpers.

Auch Deine Psyche wird auf die veränderte Atmung reagieren. Starke Gefühle unterschiedlichster – bisweilen schnell (von höchster Freude zu tiefster Trauer) wechselnder – Qualität, plötzliches Auftauchen unerwarteter Erinnerungen an längst vergessene (verdrängte)

**Ob es sich bei diesen – im übrigen gut dokumentierten – Tunnelerfahrungen tatsächlich um eine Wiederholung der Erlebnisse im Geburtskanal (perinatale Grundmatrizen nach S. Grof) handelt, wie viele glauben (Bezeichnungen wie »Rebirthing«, »Holonome Integration« etc. sind Zeugen solcher Interpretationen), oder ob sie eher (bzw. ebenso) als allgemeine Übergangssymbolik zu verstehen sind, die sich immer dann zeigt, wenn das menschliche Bewußtsein alte – nicht mehr funktionale – Grundhaltungen verläßt (sich von einer bestimmten Weltsicht trennt), sei dahingestellt und ist im Kontext der Nahtod-Erfahrung von keiner weiteren Relevanz.*

Erlebnisse, ja selbst Erschütterungen der kontinuierlichen Selbstwahrnehmung in spirituellen Visionen werden mit dem schnelleren Atemrhythmus in Zusammenhang gebracht. Entscheidend ist, daß derartige psychophysische Phänomene ebenso ungefährliche wie natürliche Begleiterscheinungen bewußten Atmens darstellen und bei konsequenter Fortsetzung der Atemübung – in einer Tunnelerfahrung! – »durchatmet« werden können.

Deine Atmung hält Dir den unvermittelten Zugriff auf ein enormes geistiges Potential bereit, das dicht unter der Oberfläche Deines Alltagsbewußtseins darauf wartet, von absichtsvollen Atemzügen geweckt zu werden.

So ist es auch nicht weiter verwunderlich, wenn sich Dir bei wiederholter Anwendung dieser Übung »vor Deinen geschlossenen Augen« andere Wirklichkeiten erschließen, deren innerer Fluß an die Phasenabfolge von Nahtod-Erfahrungen erinnert. Das kann sich sogar bis zu spirituellen Tod – Wiedergeburtserfahrungen steigern.

Fällt es Dir leicht, Dich mit Hilfe der ersten Übung zu entspannen, kannst Du die dritte Übung auch direkt im Anschluß an die erste durchführen.* Die Ausgeglichenheit des aufgesuchten Entspannungszustandes bildet die ideale Ausgangsbasis für »Erkundungen in den Reichweiten Deines Atems«.**

**Wird die erste Übung vorgesprochen, können die Instruktionen der dritten Übung wiederum bevor es dort heißt: »... Genieße diese Rast an Deinen Quellen, bis Du die Zeit zur Rückkehr ...« in den Text eingefügt werden.*

***Besonders geübten »Luziden Träumern« ist es sogar gelungen, ihre Atemübungen während eines Traumes zu praktizieren, was Tunnel- und Außerkörpererfahrungen von einzigartiger Lebendigkeit zur Folge hatte. Menschlichem Erfindungsreichtum und Experimentierfreude sind auch (besonders) in diesen nicht alltäglichen, mentalen Bereichen keine Grenzen gesetzt. So es gelingt, die warnenden Unkenrufe derer zu überhören, die – auf beherztere Zeitgenossen neidisch – vor unsichtbaren Gefahren warnend, eigene Ängste (und ihre damit zusammenhängende abergläubische Unwissenheit) zu bannen suchen, verspricht die spielerische Auseinandersetzung mit diesen natürlichen Anlagen so manche lohnende (Wieder)Entdeckung.*

Mache es Dir nun auf einer Deinen Bedürfnissen und Möglichkeiten gemäßen Unterlage bequem.

Laß die Musik beginnen, Die Du für diese Übung gewählt hast und schließe Deine Augen.*

Achte – noch ohne etwas zu verändern – auf Deine Atmung. Spürst Du, wie Dein Brustkorb sich mit jedem Atemzug hebt und wieder senkt? Beschäftige Dich einmal ganz damit, wie es ist, sich in diesem atmenden Körper zu befinden. Mit geschlossenen Augen gleicht er einer dunklen Höhle, deren Wände in steter Abfolge gegenläufiger Bewegungen nie zur Ruhe kommen.

Atmend kannst Du das Innere dieser lebendigen Höhle nach Deinem Willen gestalten. Laß jetzt Deinen Atem von der Brust in Deinen Bauch sinken. Atme mit Deinem Bauch.** Fühle die Weitung Deiner Höhle. Beginne damit, bewußt zu atmen: In runden, ineinanderübergehenden Atemzügen, ohne Atempausen. Einatmen be-

**Sollte keine Abspielmöglichkeit angemessener Tonträger gegeben sein, kann die Übung selbstverständlich auch ohne Musik abgewikkelt werden.*

Es ist jedoch zu berücksichtigen, daß Musik nachweislich eine starke Wirkung auf veränderte Bewußtseinzustände hat, die man mit ihrer Hilfe lenkend beeinflussen kann.

Die Wahl eines Musikstückes ist vor Beginn der Übung in Abstimmung von persönlichen Vorlieben mit der beabsichtigten »Dramaturgie« zu treffen. Geht es um die Vermittlung einer Tunnelerfahrung, ist abzuklären, welche Erwartungshaltungen und Vorstellungen der Proband hinsichtlich des bevorstehenden Erlebnisses hat und mit welcher von ihm bevorzugten Musik solche »Vorahnungen« am besten »harmonieren«. Die Übungsdauer ist dann entsprechend der Wahl des Musikstückes zu bestimmen. Bedenken hinsichtlich eventueller Risiken eines zu großzügigen Zeitrahmens sind unbegründet. Selbst bei intensivem Atmen von mehreren Stunden kommt es zu keiner primären Gesundheitsgefährdung. Veränderungen des musikalischen Rahmens bewirken in der Regel interessante Veränderungen der Erlebensinhalte.

***Die problemlose Bauch- bzw. Zwerchfellatmung gehört zu den Vorbereitungen auf die Übung.*

rührt Ausatmen berührt Einatmen berührt Ausatmen berührt ... Einatmen und Ausatmen verschränken sich zu Wellen, die Deine Aufmerksamkeit bis in die letzten Winkel der Höhle tragen.

Wellen, die im harmonischen Auf und Ab eines energetischen Reigens Dein Bewußtsein mit sich ziehen. Wellen, die sich im ganzen Körper ausbreiten und mancherorts Energiewirbel bilden, deren elektrisierendes Prikkeln Du deutlich spürst.

Der Atem ist zum Luftschiff Deines Ich geworden. Du bist bereits unterwegs! Reguliere Tiefe und Rhythmus Deiner Atemzüge selbst. Entdecke, wie Du Richtung und Geschwindigkeit Deiner Fahrt auf diese Weise atmend kontrollieren kannst.

Alles, was Dir auf Deiner »luftigen« Reise durch Körper und Geist begegnet, gehört zu Dir und ist unmißverständlicher Ausdruck Deiner Individualität.

Du kannst Deine Erkundungen an jeder Stelle abbrechen, verweilen oder fortsetzen. Du kannst Turbulenzen umschiffen oder durchqueren. Alle Phänomene reagieren auf Deine Atmung (die sie geweckt hat). Laß die Dauer Deines Ausfluges ganz von Deiner Neugier an den auftretenden Erscheinungen abhängen!

Selbst unangenehme, störende Empfindungen, wie Ängste, Trauer oder Schmerzen, kannst Du auf den Schwingen des Atems durchqueren. Nimm, ohne etwas festzuhalten, alles wahr! Sei auch bereit, alles vorbeiziehende wieder hinter Dir zu lassen! Du befindest Dich im Schutz der Geburtshöhle Deines Atems. Es kann Dir nichts geschehen!*

**Wird die Übung vorgesprochen, sollte die Musik erst an dieser Stelle angestellt werden, um eine gegenseitige Behinderung von Wort und Ton zu vermeiden.*

Übung IV: Wiedersehen hinter den Spiegeln

Die vierte Übung bezieht sich auf die wohl älteste von Menschen praktizierte Technik zur Erforschung des Un- bzw. Überbewußten: das kontemplative Betrachten spiegelnder Flächen. Seit Anbeginn der Menschheit haben reflektierende Oberflächen einen besonderen Reiz auf jene ausgeübt, die sich um die Beantwortung existentieller Fragen nach der eigenen Herkunft und ihrer letzten Bestimmung bemühen.
Heilige Gewässer, Edelsteine und Gläser bildeten schon in frühesten Kulten zentrale Elemente der Annäherung an das Wesen von Himmel und Erde. Ihre Wirkung bestand (und besteht) zumeist darin, bei längerem Hineinblicken einen veränderten Bewußtseinszustand hervorzurufen, der Wahrnehmungen jenseits der alltäglichen Wirklichkeit erlaubt.

Der Spiegel als Tor in eine andere Welt: Eine Vorstellung, welche die Phantasie von Wahrheitssuchern, Adepten, Künstlern und Gauklern aller Zeiten beflügelt hat. Noch in vielen abendländischen Bräuchen »spiegelt« sich altes Wissen um die unheimliche Wirkung reflektierender Flächen. Das abergläubische Verhängen der Spiegel im Zimmer des Toten (um seine »Rückkehr« als Gespenst zu verhindern?), ist nur eines von unzähligen Beispielen für die traditionell befangene Auseinandersetzung mit dem Geheimnis der Spiegel, die leichtfertige Verbindung von Attributen wie Kristallkugeln, Zauberspiegeln etc. mit Hexen, Teufeln und Dämonen ein anderes.*

**R. A. Moody beschäftigt sich in seiner Arbeit über Kristallomantie »Blick hinter den Spiegel« (München, 1994) mit Adaptionen uralter Techniken zur zeitgemäßen Nutzung des Potentials spiegelnder Oberflächen. Daß er dabei auf hochwirksame Möglichkeiten der Bewußtseinserweiterung stößt, belegt die Aktualität derartiger Verfahren für den »postmodernen« Menschen.*

Ob im Rahmen eines antiken griechischen Totenorakels, durch das Polieren von »Aladins Lampe« oder unter Verwendung eines magischen Obsidianspiegels (John Dee), seit jeher wurde der »Blick in den Spiegel« für gemein- und eigennützige Zwecke kultiviert. Begegnungen mit Spukgestalten, Riesen, Geistern Verstorbener, kleinen Leuten und anderen Fabelwesen am Rande verbotener Quellen, an den Ufern heiliger Flüsse, in verspiegelten Hallen alter Spukschlösser und anderen »verrufenen« Orten legen beredtes Zeugnis für die Existenz rätselhafter Bewohner anderer Sphären ab.

Wer oder was ist dieses »Volk hinter den Spiegeln«? Besiedelt es tatsächlich die imaginativen Weiten spiegelverkehrter Räume oder nistet es »nur« in den Köpfen derer, denen ihre Phantasie auf diese Weise einen makaberen Streich spielt? Handelt es sich bei derartigen Phänomenen um ein Erkennen externer Sachverhalte oder um eine Projektion interner Konflikte?

Obwohl diese Frage mittlerweile schon Generationen ernsthafter Forscher beschäftigt und nicht wenige davon in den Wahnsinn getrieben hat, ist sie für uns bedeutungslos.

Es geht hier keineswegs um ein Unternehmen zur Erforschung widersprüchlicher Erklärungsmodelle nicht alltäglicher Erscheinungen, sondern um die Nutzung dieser Erscheinungen für unsere Zwecke. Es ist sogar einigermaßen wichtig, sich aller Fragen nach dem Ursprung möglicher Wahrnehmungen vorerst zu enthalten, um sich mit erwartungsvollem Interesse auf die Übung einzulassen.

Wie so oft entscheidet die Erwartungshaltung auch in diesem Fall über die inhaltliche Qualität der »Darbietungen«. In der Vergangenheit wurde »der Blick in den Spiegel« oft mit Elementen des »hypnagogen Schlafes« (einem tiefen Entspannungszustand) kombiniert. Auch die Übung IV kann dadurch, daß man sie unmittelbar im Anschluß an die Übung I in Angriff nimmt, an Intensität gewinnen (bezogen auf das Erleben spektakulärer Inhalte). Es ist dann ratsam, bereits die Übung I in der für Übung IV vorgeschlagenen Position auszuführen (um so einen möglichst homogenen Übergang zu gewährleisten).* Aus Überlieferungen zum antiken Ritual des »Tempelschlafes« läßt sich schließen, daß selbst in Träumen der Weg durch die Spiegel gefunden wurde. Heute bieten luzide Träume – als moderne Variante alter »Psychotechniken« – ebenfalls aufregende Gelegenheiten, mit reflektierenden Flächen zu experimentieren.

Mit ansteckender Begeisterung schildern »geübte luzide Träumer« ihre Abenteuer in Welten jenseits der Spiegel, die in Träumen wie Tore zu durchschreiten sind.

Die emotionale Komponente der vierten Übung läßt sich wiederum durch verstärktes Atmen steuernd beeinflussen.

Nur persönlicher Einfallsreichtum und Neugier bestimmen im Umgang mit den ureigenen Fähigkeiten die Grenzen des Erreichbaren.

**Wird die erste Übung vorgesprochen kann, man den Text der vierten Übung folgendermaßen einbauen: ... Genieße diese Rast an Deinen Quellen, bis Du die Zeit für gekommen hältst, Deine Augen und Deinen Geist zu öffnen, um in den Spiegel zu blicken ... Da es bei einer Kombination der beiden Übungen günstig ist, alle – für die vierte Übung nötigen – Vorbereitungen noch vor Beginn der ersten abzuschließen, kann der Teil des Textes zur Übung IV, der sich auf diese Vorbereitungen bezieht, weggelassen werden. Sobald sich also die Augen des Probanden öffnen, wäre mit der Stelle des Textes fortzusetzen, die lautet: ... Sieh in den Spiegel! ...*

Für diese Übung benötigst Du eine angenehme, bewegliche Sitzgelegenheit und einen Wandspiegel.* Mit ihrer Hilfe soll es Dir gelingen einem Menschen wiederzubegegnen, der Dir nahestand, bevor Euch sein Tod getrennt hat.

Beginne den Tag Deines Versuches mit der Wahl dieses Menschen. Entscheide Dich für jemanden, dem Du vor seinem Tod emotional sehr verbunden warst und dessen Verlust Dich heute noch betrübt.

Widme mehrmals einige Minuten der stillen Beschäftigung mit Deinen Gedanken an ihn. Besitzt Du ein Foto, etwas, das ihm gehört hat? Wenn ja, trage es bei Dir. Nimm es immer wieder zur Hand und betrachte es. Erinnere Dich einprägsamer Augenblicke.

Stelle Dir seine Erscheinung bildlich vor – so, wie Du ihn gekannt hast. Ein gemeinsamer Ausflug? Wie war er damals gekleidet? Was habt Ihr gesprochen? Wie war das Wetter? Einzelheiten! Welche Vorlieben hatte er? Was weißt Du über seine Lebensart? Je mehr, desto besser! Eure ganze Geschichte!

Wo mag er jetzt wohl sein? Wie es ihm geht? Und wenn er wirklich kommt? Was wirst Du ihm sagen, welche Fragen hast Du? Was soll er von Dir erfahren? Ist bei Eurer letzten Begegnung etwas unausgesprochen geblieben? Etwas, das Dir seither auf dem Herzen liegt?

Hast Du auf diese Weise einen starken emotionalen Bezug zu ihm hergestellt, sorge dafür, daß Du am Abend ungestört bleibst. Plaziere einen angenehmen Stuhl schräg

**Grundsätzlich eignet sich jede spiegelnde Oberfläche (vom Fenster bis zur gefüllten Kaffeetasse), gerade für den Anfänger haben sich aber Wandspiegel – möglicherweise aufgrund einer gewissen »archetypischen Vorbelastung« – als besonders geeignet erwiesen. Persönliche Vorlieben sind jedoch vorher anzufragen und unbedingt zu berücksichtigen.*

Bei Verwendung anderer Gegenstände sollten Änderungen des Textes dem Sinnzusammenhang entsprechend vorgenommen werden.

vor einen Wandspiegel, so daß Du zwar Teile des Raumes, nicht aber Dich selbst im Spiegel sehen kannst. Die genaue Positionierung des Stuhles (Entfernung von bzw. Winkel zur Wand) hängt letztendlich von der Größe sowie der Höhe des Spiegels und den räumlichen Gegebenheiten (z.B. Mobiliar) ab. Schaffe die Voraussetzungen dafür, in entspannter Körperhaltung den Spiegel im Auge behalten zu können.* Achte außerdem auf die Beleuchtung. Ideal ist eine diffuse Lichtquelle, die sich – tiefer als der Spiegel – hinter Dir befindet. Eine Kerze, die in einigem Abstand vom Stuhl am Boden steht, erfüllt diese Voraussetzungen und schafft zudem eine dem Vorhaben angemessene Atmosphäre.** Hast Du also vor dem Spiegel Platz genommen, der zum »Schauplatz« der ersehnten Wiederbegegnung werden soll, kann das eigentliche Experiment beginnen:
Sieh in den Spiegel! Aber nicht, wie Du es gewohnt bist, auf die Bilder in seinen Tiefen, sondern auf die Oberfläche selbst. Suche mit Deinen Blicken immer wieder die unsichtbare Fläche des Spiegelglases.

Es braucht Dich nicht weiter zu irritieren, daß Deine Aufmerksamkeit besonders am Beginn wiederholt in die »gegenständlicheren Inhalte« des Spiegels gezogen wird. (Dies entspricht der natürlichen Adaption Deiner Augen,

**Es hat sich bewährt zwischen die Wand und den unteren Rand des Spiegels einen leichten Gegenstand zu klemmen (z.B. eine halb abgespulte Rolle Toilettenpapier), um dadurch eine geringfügige Neigung des Spiegels nach hinten zu erzielen, was zur Folge hat, daß man beim Betrachten seiner Oberfläche außer der Zimmerdecke von keinen Details abgelenkt wird.*

***Die Atmosphäre kann durch das Abspielen geeigneter Musikstükke zusätzlich »verdichtet« werden. Die Auswahl der Musik sollte wie schon in Übung III entsprechend den Erwartungshaltungen des Probanden oder – noch besser – anhand einer Verbindung mit dem zu erwartenden Verstorbenen vorgenommen werden (z.B. dessen Lieblingsmusik).*

denen es vor einem konkreten Hintergrund schwerfällt, sich auf einen imaginären Punkt einzustellen). Kehre jedesmal an die Oberfläche zurück. Hefte Deinen Blick auf die unsichtbare Grenze, an welcher der Raum auf sein Spiegelbild trifft.*

Sprich den Namen des Menschen, den Du zu finden hoffst, laut aus und warte, was geschieht.

Wundere Dich nicht allzusehr über Dich selbst! Immerhin befindest Du Dich in bester Gesellschaft. Mystiker, religiöse Führer, Propheten, Staatsmänner, Künstler und Wissenschaftler bedienen sich der Kristallomantie im ausgehenden 20. Jahrhundert genauso wie ihre Vorgänger in allen Jahrhunderten. Versuche andererseits aber auch nicht, die Bedeutung Deines Tuns zu schmälern. Sei Dir angesichts gängiger Überzeugungen der »Ungeheuerlichkeit« Deines Vorhabens bewußt. Einmal mehr stehst Du im Begriff, die Schwelle zu einer anderen Wirklichkeit zu überschreiten.

Was Dich in der Anderswelt, hinter dem Spiegel des alltäglichen Bewußtseins erwartet, ist schwer zu sagen. Viele berichten von beglückenden Erlebnissen in der Gesellschaft eines lieben Verstorbenen, manche sehen gar nichts, spüren aber deutlich eine starke spirituelle Präsenz, wieder andere finden sich plötzlich selbst »im Spiegel« wieder ...

Schon bald wirst Du erste Veränderungen Deiner Wahrnehmung und Deines Empfindens bemerken. Warte ab, es kommt noch besser!

**Wem dies trotz mehrmaliger Versuche überhaupt nicht glückt, der kann sich damit behelfen, daß er mit angefeuchtetem Finger in der Mitte des Spiegels eine Stelle markiert, die den Augen als Orientierungshilfe einen sichtbaren Anhaltspunkt bietet.*

Ach ja, eine letzte Kleinigkeit: Erschrecke Dich nicht, wenn Du jemandem begegnest, den Du gar nicht erwartet hast. Auch das kommt vor und hat seinen Grund.**

***Es sei nochmals darauf hingewiesen, daß es sich bei der Übung IV um die Anregung eines sehr intimen Vorganges handelt. Es ist daher zweckmäßig, sie alleine – nach Ausschluß aller denkbaren Störfaktoren – zu versuchen. Wird der Text vorgesprochen, sollte man den Raum im Anschluß daran verlassen, auf daß die »mentale Intimsphäre« des Probanden gewahrt bleibt. Im Einzelfall mag es – aufgrund eines nicht auszuschließenden medizinischen Risikos (z.B. bei Erkrankungen, die eine permanente Kontrolle der Befindlichkeit erfordern) – unumgänglich sein, zumindest in Hörweite zum Probanden zu bleiben. Bei einschlägigem Interesse gibt es aber keinen Grund, jemandem diese Übung (gegen seinen Willen) vorzuenthalten. Gerade chronisch Kranke und Sterbende reagieren nicht selten mit hoher Sensibilität auf unkonventionelle Einladungen.*

Übung V: Ein Spiel mit der Welt

In dieser Übung geht es um die zentrale Fähigkeit des Menschen, seine Wirklichkeit selbst zu »entwerfen«. Die Welt, in der wir leben, entspricht als willkürliches Produkt unserer Sinne – und der Auswertung der durch die Sinne einlangenden Informationen – einer schöpferischen Leistung unseres Gehirns und »seines« Bewußtseins.

Indem Wahrnehmung ein aktiver, ihren Gegenstand (interpretierend) verändernder, Prozeß ist, erschafft der Mensch seine Wirklichkeit selbst. Bewußtsein – als absichtsvoller, zielgerichteter Deutungsvorgang – und Welt – als dessen Ergebnis – bedingen sich gegenseitig. Allerdings hat sich über die Geschichte der Menschheit auch das menschliche Bewußtsein als aktiver Wahrnehmungsfilter, der für den Aufbau sogenannter Weltentwürfe verantwortlich ist, verändert.*

Die Fähigkeit, aus der chaotischen Vielfalt aller Sinneseindrücke eine zweckmäßige (überlebensnotwendige) Gestalt zu bilden, besteht also gerade nicht in der Tatsache eines Weltentwurfes selbst, sondern vielmehr in dessen steter Veränderung.

Tiere leben immer in der gleichen – von funktionalen Anpassungen abgesehen – unveränderlichen Welt,** während

**Julian Jaynes hat die Entwicklung und Veränderung des Bewußtseins als Wahrnehmungsfilter in seiner Arbeit: »Der Ursprung des Bewußtseins durch den Zusammenbruch der bikammeralen Psyche« nachgezeichnet, sowie ihre Auswirkung auf Kulturen verschiedener Epochen untersucht und ist dabei zu überraschenden Ergebnissen gekommen.*

***Ein Umstand, der viele Tierarten angesichts drastischer Umweltveränderungen schon die Existenz gekostet hat.*

sich die Weltsicht der Menschen (und damit der Umgang mit ihrer Welt) ununterbrochen verändert.*

Wo immer Menschen gelebt haben finden sich Hinweise auf »Psychotechniken« um diese »Fähigkeit der Veränderung von Weltentwürfen« bewußter Kontrolle zu unterwerfen.**

**Ein beeindruckendes (und recht bekanntes) Beispiel für die eminente Wirkung eines Weltentwurfes auf die Wahrnehmungsauswertung bieten die Eingeborenen Südamerikas des frühen 16. Jahrhunderts, die Magellans große Segelschiffe einfach nicht sehen konnten, weil sie jenseits ihrer »Vorstellungskonzepte« lagen. Erst nachdem kleinere Ruderboote zu Wasser gelassen worden waren, erkannten die Eingeborenen die ankommenden Fremden.*

Einzig ihr Schamane, der darin geübt war, die Grenzen alltäglicher Wahrnehmung zu überschreiten, bemerkte auch die großen Schiffe (nach J. E. Nelson).

Würden Außerirdische im 20. Jahrhundert mit UFOs landen, deren Technik und Erscheinung die üblichen Klischees Lügen strafte (was im Falle eines solchen Besuches wahrscheinlicher wäre als das Gegenteil), würden wir sie genauso wenig wahrnehmen bzw. erkennen, wie die Eingeborenen Südamerikas Magellans Schiffe.

Außerirdische könnten sich vermutlich frei auf der Erde bewegen, und alle Spuren ihrer Anwesenheit würden von uns in aktuelle Konzepte integriert und als Folgen bekannter Phänomene interpretiert werden.

Würde jemand, dessen Erfahrungen mit bewußtseinsverändernden Techniken ihm erlaubten, die Fremden zu sehen, damit beginnen, seinen Zeitgenossen von der Anwesenheit »unsichtbarer Außerirdischer« zu erzählen, hätte ein psychiatrisches Krankenhaus bald einen neuen Insassen, der – wie alle »Verrückten« (wörtlich zu verstehen!) – verzweifelt versuchen würde, andere von etwas zu überzeugen, was »offensichtlich nicht vorhanden ist, weil nicht sein kann, was nicht sein darf; oder wie man in meiner Heimat zu sagen pflegt: weil der Bauer nicht ißt, was er nicht kennt.

Gefährliche Gedanken, die wir besser wieder beiseite legen, bevor wir noch damit beginnen, die Grundfesten unserer »ansonsten recht funktionalen« Gesellschaft in Frage zu stellen.

***Tranceinduktionen zur Überwindung des Alltagsbewußtseins finden sich bei nahezu allen Natur- und Kulturvölkern.*

Der abendländische Mensch des ausgehenden 20. Jahrhunderts hat es weitgehend verlernt, sich dieser Fähigkeit zu bedienen und wagt keine Weltentwürfe mehr.

Eine Fähigkeit, die man nicht nutzt, wird jedoch schnell zum Problem. Wie viele Formen psychischer Störungen, in denen Menschen an der Sinn- und Trostlosigkeit unangemessen starrer Weltbezüge zu leiden beginnen, sind wohl auf die Verkümmerung dieses geistigen Vermögens zurückzuführen.

Jeder Fortschritt beginnt mit der Veränderung eines Weltentwurfes und nicht umgekehrt.*

Orientiert man seine Bemühungen zur Wiederbelebung des kreativen Potentials der Weltentwürfe an der Art und Weise, wie Kinder, die sich noch im Vollbesitz aller schöpferischen Kräfte befinden, ihren alltäglichen Herausforderungen gegenübertreten, entdeckt man bald die enorme Wirksamkeit eines spielerischen »Als-Ob-Prinzips«.

In einer Zeit kindlicher Bedeutungsvielfalt eröffnet das »Als-Ob-Prinzip« als Spiel mit der Welt den Zugang zu unterschiedlichen – aber gleichberechtigt wählbaren – Sichtweisen. Wenn sich Kinder – in genüßlicher Selbstinszenierung versunken – »eigenwillige Wirklichkeiten«

**Verstünden mehr Psychotherapeuten und Psychiater diesen Zusammenhang, würden sie nicht mehr vornehmlich versuchen, Patienten – gegen den Widerstand ihrer Welt(sicht) – zu verändern. Sie dürften dann gemeinsam mit einem – trotz jeder Erkrankung immer auch noch – gesunden Menschen an neuen Weltentwürfen arbeiten, die in der Folge von selbst wieder verändernd auf die Betroffenen zurückwirken könnten.*

Psychotherapie würde sich von einem mühsamen – oft genug enttäuschend aussichtslosen – Unternehmen zu einer für alle Beteiligten interessanten Herausforderung wandeln.

Und das wichtigste: Psychotherapie würde endlich Spaß machen, wie einige hypnotherapeutisch – lösungsorientierte Therapieansätze bereits eindrucksvoll belegen (zur Schande vieler in irrelevanten Menschenbildern heillos verstiegener psychotherapeutischer Schulen).

wählen, setzen sie gerade diese angeborene Gabe willkürlicher Einstellungsänderung ein, um mit den verschiedenen möglichen Bedeutungen vorfindlicher »Wirklichkeitsbausteine« zu experimentieren.

Erst der junge Erwachsene macht aus seinen »Weltspielen« Ernst, entscheidet sich für eine Wirklichkeit und bleibt dabei, indem er sie für die einzig »wahre« hält. Aus dem kindlichen Schöpfer wird ein erwachsenes Geschöpf – ein Produkt seiner Umwelt, an der seine Freuden und Leiden »hängen«.

Anstatt mit den Überlieferungen fremder Kulturen – sozusagen mit Gewalt – an den Pfeilern abendländischer Alltagswirklichkeit zu rütteln,* bietet die Wiederaufnahme der »alten Spiele« einen sanfteren und wirksameren Weg zu neuen Einstellungen bzw. in alternative Wirklichkeiten – als eine Möglichkeit, die nicht in langen Lehrjahren** geübt, sondern nur aus der Vergessenheit befreit und angewendet werden muß. Wie das Kind, das sein »Seeräuberspiel« damit beginnt, daß es – in einem »Akt des Als-Ob« – das Stockbett zum Piratenschiff erklärt, um sich dadurch »automatisch« (»mit Unterstützung« dieses verwegenen Milieus, aber nicht gegen »den Widerstand« eines Kinderzimmers) zum wasserdichten Seebären zu wandeln: Zielt man in einem »Als-Ob-Schritt« zuerst auf seinen unmittelbaren Bezugsrahmen, wird ein »umgedeuteter« Kontext selbst zur Ursache weiterer Veränderungen.

Es geht also nicht darum, so zu tun, »Als-Ob« eine bestimmte Absicht schon erreicht bzw. ein langgehegter

Was mit nicht unerheblichen psychischen Gefahren verbunden ist, wie die vielen westlichen Opfer östlicher Wege belegen.

***Lehrjahre, die bereits jeder Erwachsene hinter sich gebracht hat.*

Wunsch schon in Erfüllung gegangen wäre,* sondern sich so zu verhalten, als befände man sich in einem Kontext, der die Umsetzung des Beabsichtigten bzw. das Auftreten des gefragten Ereignisses möglichst begünstigt.

Das »Als-Ob-Prinzip« ist als wesentliches Element, der unter dem Begriff der Kontext – Animation (Con-texting) zusammengefaßten psychohygienischen Therapie- bzw. Beratungsansätze** eine unkomplizierte einfach anzuwendende Methode, die speziell auf die Lebensgewohnheiten des erwachsenen Mitglieds einer spätkapitalistischen Konsum- und Freizeitgesellschaft zugeschnitten wurde.

Anhand der folgenden Übung läßt sich unschwer demonstrieren, wie wenig es bedarf, beeindruckende Effekte zu erzielen, wenn man sich für ein Vorgehen entscheidet, das aus dem Lebenskontext heraus entwickelt wurde, in dem es auch eingesetzt wird.

Insofern soll diese Übung einen Anreiz schaffen, mit den eigenen Weltentwürfen weiterführende Experimente zu wagen, um auf diese Weise dem Kind wiederzubegegnen, das noch jeder in sich bewahrt.

Diese Übung will Dich dazu ermuntern, etwas zu tun, was Du vielleicht schon lange nicht mehr getan hast. Etwas, das in Deiner Kindheit eine Alltäglichkeit war, bevor Du eines Tages beschlossen hast, daß es sich für einen erwachsenen Menschen nicht mehr ziemt. Du sollst wieder »spielen«!

**Wie viele »Positive Denker« irrtümlich meinen.*

***Die Gesamtheit eines speziell für den Zweck kreativ spielerischer Kompetenzerhöhung entwickelten Instrumentariums zur Arbeit mit besonders schwierigen psychosozialen Problemstellungen, sowie für eine erweiterte Selbsterfahrung, wurde von Schiller und Winkler 1995 mit der Bezeichnung Kontext – Animation (Contexting) versehen. Im Rahmen der Praxisgemeinschaft Kooperative Krisenintervention u. Psychosoziale Beratung wird Kontext – Animation bereits seit mehreren Jahren erfolgreich praktiziert und gelehrt.*

Es geht hier aber nicht um irgendein Spiel, sondern um das wahre, das Spiel aller Spiele: Das Spiel mit der Welt – mit Deiner Welt.

Erinnere Dich, wie oft ein Abenteuer mit der Parole begonnen hat: »Ich weiß etwas! Laßt uns einmal so tun, als ob ...!« Das »Als-Ob« war die Aufforderung, jene Anderswelt zu schaffen, deren Vielgestaltigkeit gleich an der nächsten Ecke darauf wartet, von denen, die diese Losung kennen, betreten zu werden.

»Als-Ob«, das uralte Zauberwort, das seinen »Benützer« auf der Stelle zum Herrn über die geheimnisvollste aller menschlichen Begabungen macht, zum Schöpfer seiner Wirklichkeiten.

»Als-Ob«, diese am meisten unterschätzte – weil am öftesten mißverstandene – Order war auch Dein Stichwort – und das ist sie noch immer.

Die verblüffende Wirkung des »Als-Ob« kannst Du jederzeit selbst erfahren: keine lästige, von zögernden Fortschritten sowie entmutigenden Rückschlägen geprägte »Lehrzeit«, die Dich nebst schwer verständlicher Anweisungen erwartet, keine bestenfalls bescheidenen Erfolge, mit denen Du Dich anfangs zu begnügen hast, sondern »das volle Programm«!

Immerhin bist Du ja schon einmal ein Meister des »Als-Ob« gewesen, als Du es noch nicht für »kindisch« gehalten hast.

Deine größte Schwierigkeit wird vermutlich darin liegen, die prompte Tragweite Deines Spieles gleich in ihrer ganzen Bedeutung zu erspüren.

Im Augenblick des »Als-Ob« vollzieht sich eine so umfassende Veränderung, daß es anfangs gar nicht so leicht ist, sie zu bemerken. Spontan und ebenso subtil ändert sich die Struktur Deiner Wirklichkeit. Auf den ersten Blick ist alles beim alten, und dennoch läßt Dich ein unbestimmtes Gefühl, eine leichte Unruhe, nicht mehr los. Alles beim alten? Ja und nein. Oberflächlich betrachtet gibt es keinen Unterschied: die gleichen Menschen, die gleichen Gegenstände, die gleiche Umgebung. Aber keineswegs die gleiche Selbstverständlichkeit. Menschen, Gegenstände, Umgebung sind Teil eines »anderen Alltags«, erzählen andere Geschichten, haben andere Bedeutungen ...

Erst an Dir selbst erfährst Du das Ausmaß der Verwandlung. Nimm also die »hochmütige« Einladung dieser Übung an, befolge ihre knappen Anweisungen und studiere die erstaunlichen Konsequenzen.

»Als-Ob« lautet Dein Befehl, der von der ganzen Welt befolgt werden muß. Begreife die Folgen! Du kannst diese Übung jederzeit und an jedem Ort mühelos ausführen.

Beginne damit, Dich genau umzuschauen und Dir in einem inneren Dialog zu beschreiben, was Du siehst, beschreibe Dich schließlich selbst: Deine momentane seelische und körperliche Befindlichkeit, Deine Lebensumstände, Dein Alter, was Du gerade machst, woher Du kommst, wohin Du gehst ... alles, was es über Dich in dieser speziellen Situation zu wissen gibt.

Tue das so, als ob Du gerade gestorben und in Deinem Lebensrückblick just an dieser Situation angelangt wärest, die Du in diesem Augenblick erlebst. Sei Dir des Umstandes bewußt, daß es tatsächlich so sein könnte: Daß Du schon im nächsten Moment an der außerordentlichen Lebendigkeit nicht alltäglicher Wahrnehmungen feststellen mußt, daß Du Dich wirklich inmitten eines Lebensrückblickes befindest – genauso lebensecht, wie Du damals im Totenbuch gelesen hast.

Lebe für eine kurze Zeitspanne so, als ob Du es nicht mit »der« Wirklichkeit, sondern mit der Reproduktion »einer« Wirklichkeit zu tun hättest.

Was wäre wenn ...? Ist es möglich ...? Spürst Du schon die leichte Beklommenheit, als ersten Hinweis darauf, daß Du etwas Großes in Bewegung gesetzt hast? Suche weitere Vorboten dessen, was in seiner Gesamtheit schon bald die Ursache grenzenlosen Staunens sein wird.

Wie schätzt Du unter der Voraussetzung dieses »Als-Ob« Deine Gefühle, Deine Gedanken, Dein Verhalten ein? Wie beurteilst Du Deinen Umgang mit anderen? Was mögen sie wohl von Dir halten? Welche Wirkung hast Du auf sie?... Stelle Dir diese Fragen und wundere Dich über die Antworten!

Ohne Dir den Kopf über den weiteren Verlauf (der ja »nur« die Wiederholung des bereits stattgefundenen Lebens ist) zu zerbrechen, kannst Du Dich im Dämmer der neuen Wirklichkeit ganz auf die allmähliche Erforschung dieses besonderen »Als Ob« konzentrieren.

Wie oft Du ein »Als-Ob« aufsuchen willst, bleibt allein Dir bzw. Deinem »Spieltrieb« überlassen.*

**Auch diese Übung kann dadurch vertieft werden, daß sie unmittelbar nach Erreichen des Ortes der Ruhe und Sicherheit (der ersten Übung) durchgeführt wird. Wird die erste Übung vorgesprochen, empfiehlt es sich, die Anweisungen zur fünften Übung auf folgende Weise zu übernehmen: »...Genieße diese Rast an Deinen Quellen, bis Du die Zeit für gekommen hältst, Deine Augen und Deinen Geist zu öffnen, um etwas zu tun, was Du vielleicht schon lange nicht mehr getan hast. Etwas, das in Deiner Kindheit ...« Auch die anderen Übungen können durchaus im Zusammenhang eines »Spieles mit der Welt« zur Anwendung gebracht werden. Ein luzider Traum ist ja schon die spielerische Gestaltung einer anderen Wirklichkeit.*

Intensives Atmen kann helfen, die Empfindungen des »gespielten« Lebensrückblickes deutlich zu bereichern.

Wenn schließlich die kontemplative Betrachtung einer spiegelnden Oberfläche als Element des Lebensrückblickes selbst zum Gegenstand unbefangener Reflexion wird, verstärken sich beide Bestrebungen gegenseitig.

Individuellem Forschungsdrang sind abermals keine anderen Grenzen gesetzt als die eigene Neugier.

Eine letzte Frage

Du kennst jetzt das Abendländische Totenbuch.

Du hast vernommen, was Menschen berichten, die in die Nähe des Todes gekommen und wieder zurückgekehrt sind.

Frage Dich nun selbst: Wie ließe sich Dein heutiger Tag unter der Voraussetzung des Totenbuches leben? ... Wundere Dich nicht! Aber wolltest Du nicht etwas ändern?

Teil II

Das Abendländische Totenbuch für Kinder und Jugendliche

Der Tag, an dem Elias starb

Für meinen Vater, mit dem ich gerne über
diese Dinge gesprochen hätte,
und meine beiden Kinder, Elias und Julia,
mit denen ich darüber spreche.

Liebe Eltern!

Der vorliegende Textteil für Kinder entspricht wissenschaftlich fundierten Erkenntnissen, wie sie sich aus dem interdisziplinären Bereich der Nahtod-Forschung ergeben.

Erfahrungen, wie die hier Buch geschilderten, werden immer wieder von Menschen überall auf der Welt gemacht. Dabei kommt es zu erstaunlichen Übereinstimmungen, was die Phasenabfolge der Nahtod-Erfahrungen betrifft. Menschen können, wenn sie in die Nähe des Todes kommen, Erfahrungen machen, die denen in diesem Rahmen vorgestellten weitgehend gleichen.

Es konnte nachgewiesen werden, daß allein die Beschäftigung mit Berichten von Nahtod-Erfahrungen anderer äußerst positive Auswirkungen auf die psychische Stabilität hat. So hat sich gezeigt, daß sogar psychische Störungen (Neurotizismus, Depressionen, Selbstmordgefährdung) durch die Auseinandersetzung mit dieser Thematik günstig zu beeinflussen und vorbeugend zu behandeln sind. Die Furcht vor dem Tod als grundlegendes Element psychischer Pathogenese (Ursache psychischer Erkrankungen) konnte dadurch drastisch verringert werden.

Aus diesem Grund kommt den Berichten von Nahtod-Erfahrungen hohe pädagogische Bedeutung zu, die bereits im Kindesalter für eine möglichst optimale Persönlichkeitsentwicklung nutzbar gemacht werden soll.

Auch Kinder sind immer wieder mit dem Tod konfrontiert. Gleichgültig dabei ist, ob es sich um den Tod eines Angehörigen oder Bekannten, um den Tod als unvermeidlichen Protagonisten moderner Massenmedien, den Tod des Bösewichts in einem Märchen oder auch nur um die ebenso unvermeidlichen Fragen nach Herkunft und Ziel des Menschen handelt. Kinder stehen diesem Thema ohne die bei Erwachsenen häufig und schnell einsetzenden Verdrängungsstrategien gegenüber.

Daher ist es nicht nur unverantwortlich, Kindern, denen sich existentielle Fragen stellen, beschwichtigend auszuweichen, sondern auch nötig, diese Auseinandersetzung möglichst sensibel und vorurteilsfrei zu gestalten.

Die Lektüre dieses Buches kann Ihnen dabei helfen, sich gemeinsam mit Ihren Kindern einer Facette menschlichen Daseins zu nähern, deren Bedeutung für eine sinnvolle Lebensgestaltung nicht unterschätzt werden darf.

Eine Altersgrenze kann für ein solches Unternehmen nicht angegeben werden. Kein Kind ist zu jung, kein Greis zu alt, die Frage zu beantworten, die sich jeder selbst stellt. Jeder auf seine Weise.

Lesen Sie die folgende Geschichte zusammen mit Ihrem Kind, und lassen Sie die Bilder auf sich wirken, die von Kindern in Auseinandersetzung mit diesem Thema gestaltet wurden.

Befreien Sie Sich von allen Vorurteilen, die Ihnen versuchen, weiszumachen, Sie müßten immer schon alles besser wissen als Ihre Kinder. Vergessen Sie nicht, daß Ihre Kinder noch vor kürzerer Zeit dort waren, wohin alle Menschen wieder zurückkehren werden.

Liebe Kinder!

Dieses Buch wurde für Euch geschrieben.

Es soll Euch zeigen, was passieren kann, wenn Menschen sterben. Wir alle müssen einmal sterben, doch viele von uns fürchten sich davor.

Manche Menschen sind schon beinahe gestorben. Einige von ihnen hatten dabei Erlebnisse, die so schön waren, daß sie sich gar nicht mehr vor dem Tod fürchten.

Darum geht es in diesem Buch. Es soll Euch dabei helfen, zu verstehen, daß man keine Angst davor haben muß, wenn man eines Tages dorthin zurückkehrt, woher man gekommen ist.

Elias

Elias war sieben Jahre alt, als er starb – doch davon später. Elias ist jetzt neun. Er wohnt mit seinen Eltern, in einem kleinen Haus, am Rande des Dorfes. Das Haus hat Elias' Vater größtenteils selbst gebaut. Davon weiß Elias aber nichts.

Er kann sich an nichts anderes, als an das kleine Haus mit der großen Terrasse erinnern. Seine Eltern erzählen bisweilen von einer Wohnung in der Stadt, in der sie wohnten, als Elias ein Baby war und noch nicht laufen konnte.

Elias hört seinen Eltern gerne zu, wenn sie von einer Zeit erzählen, die jenseits seiner Erinnerung liegt. Insgeheim befürchtet er, daß auch Patrick die Erinnerung an das kleine Haus mit der Terrasse irgendwann verlieren könnte.

Patrick, das ist sein kleiner Bruder, der gerade erst Mama sagen und durch die Wohnung krabbeln kann.

Elias kann es kaum erwarten, daß Patrick endlich sprechen lernt, um von ihm zu erfahren, wo er gewesen ist, bevor Mama ihn aus dem Krankenhaus mit nach Hause gebracht hat. Und bevor er in Mamas Bauch war – denn irgendwo muß er ja auch zuvor gewesen sein! Mama sagte »im Himmel«.

Elias hätte gern mehr gewußt, aber Mama konnte sich natürlich noch weniger daran erinnern als er selbst. Bei ihr war es schließlich noch viel länger her, daß sie im Himmel war.

Und Elias konnte sich überhaupt nicht daran erinnern, schon einmal im Himmel gewesen zu sein.

Tina nahm ihn nicht einmal ernst. Sie lachte nur und sagte: »Da kommst du noch früher dahinter, als dir lieb ist.«

Tina ist Elias' große Schwester. Sie ist schon zwanzig. Sie sollte recht behalten!

Obwohl Elias jetzt erst neun ist, kann er sich wieder an den Himmel erinnern. Wir werden noch darauf zu sprechen kommen, – nur soviel – es war nicht dasselbe, das Tina meinte.

Am Morgen

Elias hat viele Freunde. Die meisten davon sind seine Klassenkameraden, die mit ihm die vierte Klasse der Dorfschule besuchen. Elias geht gerne zur Schule. Das war nicht immer so!

Am Morgen frühstückt er mit Mama und Tina. Papa muß schon früher zur Arbeit. Meistens holt er noch frisches Gebäck.

Patrick ist kein Frühaufsteher – Elias schon. Auch das war nicht immer so. Elias liebt den frühen Morgen.

Noch bevor er von seinem Zimmer zur Morgentoilette ins Bad geht, öffnet er das Fenster und betrachtet die noch schlaftrunkene, verschleierte Landschaft, sieht bisweilen Minka, die Katze des Nachbarn, dicht an die Hausmauer gedrückt, um nach durchjagter Nacht beim ersten Öffnen der Eingangstüre ins heimelige Innere zu huschen. Er sieht den alten Kirchturm, der sich wie ein zahmer Riese über die unterschiedlichen Dächer des Dorfes erhebt, und folgt mit seinem Blick den sich verschlafen schüttelnden Autos, die überall noch ganz unbeholfen aus ihren Garagen kriechen.

Der Schulweg

Nach dem Frühstück macht sich Elias auf den langen Schulweg. Bereits in der am Dorfrand gelegenen Einfamilienhaussiedlung, zu der auch sein Elternhaus gehört, trifft Elias auf Markus, der sich ihm anschließt. Markus ist darauf erpicht, über letzte Hausaufgaben oder anstehende Prüfungen und Schularbeiten zu reden.

Elias ist es nicht so recht, sich in hitzigen Debatten über mögliche schulische Unannehmlichkeiten und Ärgernisse sinnlos zu erregen. Viel lieber ist ihm, sich ganz dem zu widmen, was der Schulweg an Neuigkeiten zu bieten hat. Auch das ist nicht immer so gewesen. Elias ist neugierig geworden.

Sie kommen am Grundstück vom alten Ritzer vorbei. Apfel- und Birnenbäume sowie Blaubeersträucher überwuchern beinahe gänzlich den morschen Bretterzaun. Hühner, die durch eine Lücke ihres Verschlages entschlüpfen konnten, nutzen die gewonnene Freiheit für ihre dümmlichen Spiele.

Oft sehen sie den alten Ritzer selbst. Er weiß immer Neuigkeiten; ist früher – vor seiner Pensionierung – Postbus gefahren und kennt alle Leute im Dorf.

Als er die beiden sieht, kommt er hinter dem Holzstoß hervor und weiht sie in die neuesten Pläne der Post ein.

»Sie werden eure Straße aufreißen. Die ganze Siedlung wird neu verkabelt.«

Wie so oft, steckt er ihnen für den weiteren Weg einige Äpfel zu. Er sieht ihnen nach und lächelt. Der alte Ritzer und Elias sind Freunde – seit damals!

An der Kreuzung, wo die Bundesstraße ist, steht Jakob. Jakob, der jüngste Sohn des Schloßbauern, ist Gendarm.

Bei ihm, eigentlich bei seinen Eltern, holt Elias jeden zweiten Abend frische Milch. Oft trifft er dann Jakob, der auch auf dem Hof mitarbeitet, ein zweites Mal.

Jakob sorgt in der Früh dafür, daß es die Autofahrer nicht an der nötigen Umsicht mangeln lassen, wenn die Kinder auf ihrem Schulweg die Bundesstraße überqueren.

Seit damals – vor zwei Jahren. Gerade an dieser Kreuzung.

Der Unfall

Vor zwei Jahren an dieser Kreuzung. Elias war sieben.

Er war in Eile, und es regnete,
und seine Hausaufgaben waren nicht in Ordnung,
und zu Hause hatte es Stunk gegeben,
und er dachte daran, die Schule zu schwänzen,
und er traute sich nicht,
und ein Diktat war angekündigt,
und seine Laune war besonders schlecht,

und überhaupt ...

Er kam zur Kreuzung. »Um Gottes willen! Achtung! Halt! Das Auto!«

Nicht, daß er das Auto nicht gesehen hätte – es war ein blauer Mercedes –, aber als er erschrak, war es schon zu spät.

Das Kreischen der Bremsen. Ein dumpfer Schmerz. Elias schlug mit dem Kopf am Boden auf. Dunkelheit.

»Meine Güte! Er blutet! Einen Arzt! Die Rettung! Ruft die Rettung!«

Menschen liefen zusammen. Frau Aniser, die Bäkkersfrau, kam aus ihrem Geschäft gestürzt. Der alte Ritzer drängte sich durch die aufgeregte Menge, Jakob brauste mit Blaulicht und Sirene heran, der Krankenwagen brauchte etwas länger; man hatte Elias eine Jacke unter den Kopf geschoben, er blutete aus der Nase.

Ein wunderbares Gefühl

Dunkelheit, Stille, Elias fühlte sich wohl.

Genaugenommen hatte er sich nie wohler gefühlt; er war völlig ruhig und entspannt. Er wußte nichts von dem Unfall, wußte nichts von Passanten, die zusammengelaufen waren, wußte nichts von Blaulicht und Rettungswagen.

Es war ihm egal; alles war ihm egal.

Er konnte sich nicht vorstellen, daß es etwas Wichtigeres geben konnte, als die tiefe Ruhe, die er empfand. Er konnte sich nicht einmal vorstellen, daß er sich etwas vorstellen konnte.

Elias dachte an gar nichts. Es war, wie auf einem dieser hohen Berge. Wenn die Bergsteiger wieder abgestiegen sind, und nur der Wind weiß, wie wenig man braucht, um glücklich zu sein. Elias fühlte sich wohl. Sehr wohl!

Elias sieht sich selbst

Und dann sah er doch etwas.

Zuerst undeutlich, weit weg – Menschen – dicht gedrängt, jemand lag am Boden. Stimmen, ein aufgeregtes Durcheinander. Ein Kind lag auf der Straße, ein Junge. Etwa in seinem Alter. Es war verletzt, sein Gesicht blutverschmiert. Zwei Sanitäter leisteten Erste-Hilfe. Elias erkannte sich selbst.

Er selbst lag da am Boden, und gleichzeitig sah und hörte er alles ganz genau – von oben. Als ob er ein paar Meter über den Köpfen der Menschen schweben würde ... als ob?

Er schwebte tatsächlich über den Köpfen der anderen!

E r k o n n t e f l i e g e n !

Obwohl er eigentlich nicht gedacht hätte, daß dies überhaupt möglich wäre, fühlte er sich mit einem Mal noch besser.

Nun erst fielen ihm die bekümmerten Gesichter der versammelten Menschen auf, die um seinen reglos daliegenden Körper standen. Frau Aniser weinte sogar. Und er war die Ursache der ganzen Aufregung.

Jetzt drückte ihn sein Gewissen. Es war nicht recht, daß er sich frei wie ein Vogel fühlte, während andere sich um ihn sorgten. Er beschloß, die Leute zu trösten, gerade, als er die betroffene Stimme eines der beiden Sanitäter hörte: »Wir haben ihn verloren!«

»Herzmassage!« schrie der andere und stürzte sich auf Elias' leblosen Körper.

»Halt, lassen Sie das! Mir geht es gut – wirklich! Hören Sie auf ...«

Elias versuchte, sich bemerkbar zu machen. Umsonst!

Die Sanitäter setzten die Herzmassage fort, als wäre nichts gewesen. Er war gestorben; erst jetzt begriff Elias, daß er tot war.

»Mama!« – er dachte an seine Mutter.

Plötzlich geschah etwas sehr Merkwürdiges: Ohne zu wissen, wie er dahin gekommen war, befand er sich wieder zu Hause. In der Küche war seine Mutter noch damit beschäftigt, das Frühstücksgeschirr abzuspülen, sie wußte von nichts.

Elias wollte ihr erklären, was geschehen war. Sie hörte ihn nicht. – Er ging auf sie zu und wollte sie festhalten. Er streckte seine Hand nach ihrer Schulter aus und griff durch sie hindurch. Noch einen

Schritt, und schon war er durch sie hindurchgegangen.

Er erschrak. Elias war durch seine Mutter hindurchgegangen, als wäre sie Luft.

»Mama!« – Nichts! Keine Antwort! Sie nahm ihn nicht wahr!

Der Tunnel

Und dann erschien der Tunnel.

Es gefiel Elias, wie er zuerst als kleiner Kreis über dem Küchenschrank sichtbar wurde. Er hätte den Tunnel fast übersehen, wenn sich dieser nicht gedreht hätte, während er zunehmend größer wurde.

Der Tunnel drehte sich quer durch die Küche auf Elias zu, und obwohl er mittlerweile ganz beachtlich angewachsen war, bemerkte Elias' Mutter ihn genau so wenig, wie sie Elias bemerkte.

Elias war begeistert. Ein lichtdurchfluteter Korridor tat sich vor ihm auf und führte steil nach oben.

Elias konnte den Blick nicht mehr abwenden. Auf einmal vernahm er ein Rauschen wie stürzendes Wasser, das immer lauter wurde. Zugleich fühlte er sich seltsam angezogen von der Öffnung des inzwischen zur Ruhe gekommenen Tunnels.

Und ohne es zu verstehen, näherte er sich immer mehr dieser Öffnung, bis er in sie wie in einen großen Staubsauger hineingezogen wurde.

Immer schneller flog er durch den Tunnel nach oben, und auf sonderbare Weise war er nicht mehr allein.

Er flog zu schnell, um etwas Genaues zu erkennen, aber er fühlte deutlich, daß noch jemand mit ihm im Tunnel war.

Es kam ihm so vor, als ob ihn jemand an der Hand führte. Es war eine Gestalt, die er mehr ahnte, als daß er sie tatsächlich sah.

Der Tunnel schien kein Ende nehmen zu wollen.

Elias wußte nicht, wie lange oder wie weit er schon durch diese wunderbare Röhre geglitten war.

Er war neugierig, was ihn wohl am Ausgang erwarten würde, den ein winziger Lichtpunkt bereits ankündigte.

Immer heller wurde das Licht, und immer näher kam Elias dem Ziel seiner phantastischen Reise.

Im Licht

Licht! – Heller, als er je Licht gesehen hatte – ohne daß es ihn blendete!

Licht, das alles durchdrang. Elias stand im Licht.
Das Licht war in Elias, Elias war Licht.
Warm und kraftvoll war das Licht. Das Licht lebte.

Es waren Wesen. Lichtwesen, von denen das Licht ausging. Wesen, in deren Gegenwart Elias etwas empfand, das er kannte. Er kannte es von seiner Mutter und seinem Vater.

Er kannte es auch von Patrick und Tina, und er kannte es von Minka und ... und ... und ...

Als hätte er nie etwas anderes gekannt. Elias empfand Liebe!

Diese seltsamen Wesen, die aussahen wie Menschen aus Licht, hatten Elias sehr lieb. Elias spürte und wußte das.

Und Elias hatte sie lieb. Elias fiel in diesem Augenblick ein, daß er jeden und alles lieb hatte. Er konnte überhaupt nicht anders.

Eines der Wesen näherte sich Elias. Und ohne ein Wort gesprochen zu haben, wußte Elias, es war sein Großvater, der ihm etwas sagen wollte. Elias' Großvater war gestorben, als Elias gerade vier Jahre alt war. Und jetzt kam er, um ihn zu führen.

Sie kamen an einer Wiese vorbei, die als endloses Blumenmeer in den buntesten Farben vor ihnen lag.
Bäume säumten ihren Weg, die wie knotige Hände zwischen den Blättern ihre reifen Früchte in einen klaren blauen Himmel hielten.
Allerlei Getier tummelte sich im Feld – so hatte sich Elias immer das Paradies vorgestellt. In der Ferne löste ein Gebirgszug mit zerklüfteten Tälern das Grün bewaldeter Hügel ab.
Elias hätte gerne mehr gesehen, aber sie erreichten einen Steinwall, den der Großvater als die Grenze bezeichnete.

Wer diese Grenze überschreitet, kann nicht mehr zurück.
Elias wollte auch gar nicht mehr zurück. Längst hatte ihn das wundersame Land in seinen Bann gezogen.
Wenn er sich die Abenteuer vorstellte, die es hier zu erleben galt, vergaß er alles andere.

Das offene Land lockte ihn. In Gedanken war er längst auf der Walz, weit jenseits des Steinwalls, als er bemerkte, daß anstelle seines Großvaters ein anderer vor ihm stand.

Die Begegnung

SEIN Licht überstrahlte alles, was Elias bisher gesehen hatte.

Es war fast so, als wäre ER die Quelle allen Lichtes. – Allen Lichtes und grenzenloser Liebe. Noch nie, nicht einmal bei seiner Mutter, hatte Elias sich so geborgen gefühlt.

ER verstand Elias. Von IHM wollte Elias sich nie wieder trennen.

Nur bei IHM zu bleiben, war alles, was Elias sich wünschte. ER wußte, was Elias dachte, und Elias wußte, ohne mit IHM sprechen zu müssen, was ER ihm zu sagen hatte.

Elias mußte zurückkehren. Doch zuvor zeigte ihm das Wesen ein Geheimnis, das uns Lebenden in dieser Form meist verborgen bleibt. Elias sah ins Licht. Und da erkannte IHN Elias wieder, wie er sich selbst wiedererkannte. Alles war im Licht.

Sein ganzes Leben tat sich vor ihm auf, als würde er es noch einmal leben. In einem einzigen Augenblick sah sich Elias vom Neugeborenen bis zu seinem Unfall. Und er sah auch andere. Alle, mit denen er bisher zu tun hatte. Seine Familie, seine Freunde, Bekannte, die Lehrer. Alle sah er sie wieder. Aber er sah sie nicht nur, Elias nahm auch ihre Gefühle wahr.

Er nahm all seine Handlungen und deren Folgen wahr, als ob sie ihm allein gegolten hätten. Er empfand die Freude seiner Eltern, als er das erste Mal auf dieser Welt lächelte.

Fühlte den Stolz seiner ersten Worte. Den Nachmittag seines zweiten Geburtstages, als er den blauen Traktor von Opa bekam. Opas Freude, als er sah, wie Elias sich freute.

Eine Tannenzapfenschlacht mit Markus, Roland, Berni und Hannes am Kalvarienberg, als er Roland am Kopf traf, Rolands Zorn und seine Tränen. Er hatte damals gar nicht bemerkt, daß Roland weinte. Immer traf es Roland.

Roland hatte schon viel Pech gehabt, seine Mutter war früh gestorben. Diese und tausend andere

Möglichkeiten waren der Grund, daß Roland weinte.
Elias verstand jetzt.

Der Tag, an dem Elias sich die Hand mit einer
zerbrochenen Glasscheibe aufschnitt, der Schrek-
ken seiner Mutter, als sie ihn ins Krankenhaus
brachte, seine Angst vor den Spritzen und dem
Genähtwerden, das kalte Licht in der Ambulanz,
der Unmut des Arztes, der völlig übermüdet und
überarbeitet war.

Der Geruch von getrockneten Äpfeln in der Woh-
nung seiner Großeltern, sein erstes Fahrrad, Stür-
ze, die Spiele langer Kindernachmittage, die Über-
raschung über die erste Ohrfeige, die Elias von sei-
nem Vater bekam, und die Reue seines Vaters, der
nichts mehr wünschte, als daß ihm die Hand nicht
ausgerutscht wäre. Nicht, weil es das erste Mal pas-
siert war, sondern weil er fürchtete, daß es nicht
das letzte Mal war, und weil er sich dafür nicht lei-
den mochte. Und er hatte recht, es kam auch noch
öfter vor.

Die letzten Gedanken seines Großvaters, der vol-
ler Liebe an Elias dachte, als er in seinem großen
Bett starb, in dem Elias so gerne Seeräuber spiel-
te. Das Bett war sein Schiff. Die erste Nacht, die er
im Freien schlief in seinem neuen Zelt.

Nach sieben Wintern der gleiche laue Wind, der
Frühling hieß, die Mittagshitze von sieben Som-
mern, das farbenfrohe Sterben der Laubwälder in
den Nebeln der sieben Herbste: alles, alles kam
wieder.

Die Ernte von sieben Jahren wurde eingebracht. Und Elias sah noch mehr.

Er sah die Verantwortung eines jeden Menschen für sein Handeln und verstand, daß nichts verloren geht. Nichts, das nicht in einem großen Zusammenhang mit allem anderen steht. So, daß jeder auch für das Ganze mitverantwortlich ist.

Menschen verschiedener Hautfarben, unterschiedlichster Religionen und verschiedener politischer Überzeugungen haben letztendlich dasselbe Ziel – Liebe.

Das alles zeigte das Wesen Elias, und Elias verstand. Er verstand auch den Grund für seine Rückkehr, so daß es ihm leicht fiel, zu gehen.

Er hatte eine Aufgabe, und er würde eines Tages wieder hier sein. Das machte ihm Mut.

Die Rückkehr

Das Lichtwesen hatte Elias Mut gemacht. Mut, der aus dem sicheren Wissen kam, daß nichts von dem, was ein Mensch in seinem Leben tut, umsonst ist.

Die kleinste Kleinigkeit ist immer noch groß genug, um die Liebe einer ganzen Welt zu bergen.

Das Wesen hatte Elias gezeigt, daß es nicht darauf ankommt, sich große Ziele zu stecken, an deren Verwirklichung man sich nur selbst vergißt, sondern das Ziel zu finden, das man in jedem Augenblick schon immer erreicht hat.

Das Schönste aber war, daß Elias nun verstand, daß er niemals mehr allein sein würde, denn er sah jetzt in jedem anderen Menschen einen Weggenossen.

So konnte Elias, obwohl er eigentlich am liebsten noch geblieben wäre, zurückkehren.

Er hatte sich entschieden.

Wieder tat sich ein Tunnel wie eine langgezogene Röhre vor ihm auf. Dunkel war es diesmal im Inneren. Er fiel und verlor das Bewußtsein.

Als er wieder zu sich kam, blendete ihn das kalte Licht des Operationssaales. Erleichterte Gesichter beugten sich über ihn.

»Er lebt!«

Danach

Das ist jetzt zwei Jahre her.

Danach war nichts mehr so wie vor seinem Unfall. Nach einer Woche kam er wieder nach Hause. Er trug am linken Arm und am rechten Bein einen Gipsverband.

Seine Eltern waren glücklich, ihn wiederzuhaben, und behandelten ihn sehr freundlich und liebevoll. Aber sie glaubten ihm nicht.

Immer, wenn Elias ihnen von seinem Erlebnis zu erzählen versuchte, sahen sie ihn an, als hätten sie Mitleid mit ihm.

Dabei wollte er sie lediglich an seinem Glück teilhaben lassen. Wollte ihnen klarmachen, daß sie keine Angst vor dem Sterben haben müssen. Wollte ihnen von Opa erzählen. Wollte ihnen sagen, wie schön es dort war, wo er herkam.

Aber genauso wie die Ärzte und Schwestern im Krankenhaus glaubten auch sie ihm nicht.

Auch mit anderen erging es ihm so. Schließlich sprach er nicht mehr davon. Elias fand das schade. Und dennoch hatte sich viel verändert. Die ganze Welt hatte sich verändert; wie eine Blume, die sich öffnet, offenbart jeder Tag, jede Stunde, jede Minute Elias ein neues Wunder.

Geheimnisvoll und schön ist das Leben, ein Abenteuer.

Viele Menschen sind wie Elias zurückgekehrt, gemeinsam ist ihnen allen: Die Liebe zum Leben, die Liebe zu ihren Mitmenschen, die Liebe!

...Du kennst diesen Ort! Endlich, in den Strahlen dieses überirdischen Leuchtens lösen sich die Schleier des Vergessens vollends auf. Wie konntest Du nur Deine Heimat vergessen?!

Abschließend ...

... sei noch auf die Internationale Gesellschaft für Nahtod-Forschung hingewiesen. Diese Institution – mit Stammsitz in den Vereinigten Staaten und weltweit in Aufbau befindlichen Niederlassungen – hat es sich zur Aufgabe gemacht, Berichte von Nahtod-Erfahrungen in einem zentralen Archiv zu sammeln und Forschungsprojekte zu fördern bzw. international zu koordinieren. Viermal im Jahr erscheint das von der Gesellschaft publizierte Fachperiodikum »Journal of Near-Death Studies« zum jeweils aktuellen Stand interdisziplinärer Nahtod-Forschung.

Mit speziellen Fragestellungen, zur Erhebung entsprechender Fachliteratur sowie um Kontakte mit nächstgelegenen Institutionen bzw. Forschern in diesem Feld zu knüpfen, kann man sich direkt an die Gesellschaft wenden:

International Association for Near-Death Studies (IANDS)

P.O. Box 502 East Windsor Hill CT 06028.

Weiterführende Literatur

Das Totenbuch selbst beruht ausschließlich auf mündlichen bzw. schriftlichen Berichten von Menschen, denen eigene Erfahrungen in der Nähe des Todes zu derart verblüffenden Einsichten verholfen haben. Alle Literaturangaben beziehen sich somit lediglich auf Gebrauchsinformation, Kommentare und Übungen.

Da aber besonders in die Gebrauchsinformation Gesichtspunkte aus einer unübersichtlichen Vielzahl an interdisziplinärer Fachliteratur eingeflossen sind, begnügt sich dieses Verzeichnis – im Interesse des Lesers – mit einer Auflistung der Arbeiten, die nach dem zugrundeliegenden Verständnis Meilensteine der jeweiligen Disziplin darstellen.

Psychologie und Ethnopsychologie

Grof, Stanislav: Geburt, Tod und Transzendenz, München 1985.

Jaynes, Julian: Der Ursprung des Bewußtseins durch den Zusammenbruch der bikammeralen Psyche, Reinbek 1988.

Kalweit, Holger: Die Welt der Schamanen, Bern 1984.

LaBerge, Stephen: Exploring the World of Luzid Dreaming, New York 1990.

Wilber, Ken: Halbzeit der Evolution, Bern 1984. Wege zum Selbst, München1984.

Philosophie

Sloterdijk, Peter: Zur Welt kommen – Zur Sprache kommen, Frankfurt a. M. 1988.

Vaihinger, Hans: Die Philosophie des Als Ob, Berlin 1913.

Medizin Pschychiatrie und Psychotherapie
Frankl, Viktor E.: Der Leidende Mensch, Genf 1989.

Nelson, John E.: Healing The Split – Integrating Spirit Into Our Understanding of the Mentally Ill, New York 1994.

Podvoll, Edward: The Seduction of Madness – Revolutionary Insights Into the World of Psychosis and a Compassionate Approach to Recovery at Home, New York 1990.

Yalom, Irvin: Existentielle Psychotherapie, Köln 1989.

Nahtodforschung
Blackmore, Susan J.: The Physiology of the Tunnel, in: Journal of Near-Death Studies, Vol. 8, Nr. 1, New York 1989.

Greyson, Bruce, and Flynn, Charles: The Near-Death Experience, Springfield 1984

Moody, Raymond: Das Licht von Drüben, Reinbek 1988.
– Der Blick hinter den Spiegel, München 1993.

Ring, Kenneth: Den Tod erfahren, das Leben gewinnen, Bergisch Gladbach 1988.

– Life at Death: A Scientific Investigation of the Near-Death Experience, New York 1982.

Verzeichnis: Corona Verlag HAMBURG

**Kartenlegen:
Tarot und Lenormand**

Elisabeth Drabeck
Mystisches Kartenlegen nach Mlle Lenormand
214 S., geb., 90 Farbabbildungen, 180 S/W-Abbildungen
ISBN 3-928084-00-3

Elisabeth Drabeck
Corona-Arbeitsbuch zu den Lenormandkarten
350 Seiten, kart., mit 90 Legebeispielen und Lösungen
ISBN 3-928084-27-5

Elisabeth Drabeck
TARO-Land hinter den Spiegeln
Tarotroman/Einweihungsweg
340 Seiten, geb. mit Schutzumschlag
ISBN 3-928028-02-X

Elisabeth Drabeck
Das Göttliche Tribunal
Inkarnationsroman
346 Seiten, kart.,
ISBN 3-928028-06-2

Halina Kamm
Tarot für den Alltag
110 Seiten, kart.,
70 Abbildungen des Rider Waite Tarot Deck's
ISBN 3-928028-03-8

Halina Kamm
Partnerschaft und Liebestarot im Alltag
216 Seiten, kart.,
78 Abbildungen des Rider Waite Tarot Deck's
ISBN 3-928028-18-6

Lebenshilfe und Ratgeber

Tom Crabtree
Wer sagst Du bin ich
Anleitung zur Persönlichkeitstärkung und Entwicklung
256 Seiten, kart.,
ISBN 3-928084-28-3

Eva-Maria Ammon
Du bist der Weg – Die Sehnsucht deiner Seele
Mit geführten Meditationen und Übungen, 188 Selten, kart.,
ISBN 3-928084-16-X

Halina Kamm
Geführte Meditationen
Sachbuch, 180 Seiten, kart.,
ISBN 3-928084-23-2

Ursula Krieger
RONA-Reise in wahrscheinliche Zeiten
Einweihung/Zeitreise
296 S., geb. m. Schutzumschlag
ISBN 3-928084-07-0

Annelie Schlobohm
Die Insel Elysium – Zwölf Tore zum inneren Kreis
Traumreise zum inneren Selbst
353 Seiten, kart.,
ISBN 3-928084-21-6

Weitere Bücher und Verlagsprogramme fragen Sie bitte beim Verlag an:

Corona Verlag

Postfach 76 02 65 • 22052 Hamburg
Tel.: 040 - 642 41 44
Fax: 040 - 642 41 45

Geführte Meditationscassetten und CD's

Diese Meditationen sind als besprochene und mit Musik unterlegte CD`s und MC erhältlich:

CD 2 01, ISBN 3-928084-48-8
MC 01, ISBN 3-928084-36-4
A: Partnerschaft – Berufung
B: Schuld und Vergebung
A: Blockadenerkennung in Partnerschaft, Beruf und Gesundheit. Klärung der Emotionen. Verbindung und Festigung zur Realität.

B: Schuld und Vergebung
Emotionen, auch schmerzhafte, werden bei dieser Meditation gelöst. Förderung der Freiheits- und Entscheidungsfähigkeit.

CD 202, ISBN 3-928084-49-6
MC 02, ISBN 3-928084-37-2
A: Ich bin Licht und Energie
B: Der Baum – Dein Freund
A: Als Entspannungsgrundlage und gleichzeitiges Trainingsprogramm zur Vertiefung und Festigung einer inspirirerenden, kraftvollen Energie, fürs tägliche Leben.

B: Eine besonders gute Übung, um nach einem hektischen Tag abzuschalten. Sie fördert über die Bilder die direkte Kommunikation und Verbundenheit mit der Natur.

CD 203, ISBN 3-928084-50-X
MC 03, ISBN 3-928084-38-0
A: Spiegel der Erkenntnis
B: Weg der Wahrheit
A: Für Fragen geeignet, wie: Mache ich alles richtig, sind meine Entscheidungen dem Wohl aller Beteiligten gerecht, usw., so dient diese Meditation Ihrer Bewußtseinserweiterung und Erkenntnis.

B: Klarheit in den Gedanken zu erhalten und Entscheidungen richtig einzuschätzen. Stärkung und Harmonisierung des Körpers.

CD 204, ISBN 3-928084-51-8
MC 04, ISBN 3-928084-39-9
A: Kristallpyramide
B: Drei Ebenen
A: Erlernen, verstehen und aktivieren der Kristalle in spielerischem Rahmen. Besonders geeignet zum Regenerieren aller nervlichen Anspannungen im Körper.

B: Konfliktbereinigung mit nahestehenden Personen. Diese Lichtreise in Begleitung geistiger Helfer bereinigt und löst Emotionen.

CD 205, ISBN -3-928084-52-6
MC 05, ISBN -3-928084-40-2
A: Lichtreise
B: Rückführung – Problembewältigung
A: Als Tranformationsprozeß des Körpers bzw. der Aura. Klärung und Reinigung durch Lichtenergie. Lösungen für besondere Fragen zum Wohle aller Beteiligten.

B: Klärung des Emotionalkörpers. Sie erhalten Antworten auf ungewisse Verhältnisse.

CD 206, ISBN 3-928084-53-4
MC 06, ISBN 3-928084-41-0
A: Vulkan – Lebensdynamiken
B: Der Phönix aus der Asche
A: Stärkung der Intuition. Durch die Lösung der Blockaden werden die Grunddynamiken wie Harmonie, Freude, Kraft, Stärke usw. gefestigt.

B: Besonders für Menschen geeignet, die gerade schwere und traurige Zeiten erleben. Entdecken Sie Ihr eigenes, unbeschwertes, inneres Kind.

Geführte Meditationscassetten und CD's

Diese Meditationen sind als besprochene und mit Musik unterlegte CD`s und MC erhältlich:

CD 207, ISBN 3-928084-54-2
MC 07, ISBN 3-928084-42-9
A: Schutzengel
B: Freiheit und Frieden
A: Kennenlernen seines Schutzengels in der für Sie akzeptabelsten Gestalt u. Erkennen seiner Energie im täglichen Leben. Zum sanften Einschlafen geeignet.

B: Entspannungs- und Trainingsprogramm zur Vertiefung und Festigung einer positven, kraftvollen Energie, die im täglichen Leben inspirierend und aufbauend wirkt.

CD 209, ISBN 3-928084-56-9
MC 09, ISBN 3-928084-44-5
A: Reichtum – Erfolg – Liebe
A: Regenbogen – Geschenke
A: Lösung eines bekannten oder unbewußten Problems mit Hilfe des höheren Selbst. Bleiben Sie gelassen und seien Sie gewiß, daß das Richtige immer zum richtigen Zeitpunkt geschehen wird.

B: Reinigung und Harmonisierung des Körpers, dadurch Bewußtwerdung und Klärung des von Ihnen geschaffenen Gedankengutes.

CD 208, ISBN 3-928084-55-0
MC 08, ISBN 3-928084-43-7
A: Engel der Heilung
B: Ich bin eine Einheit – Stärke – Kraft
A: Hervorragend zur Lösung von Verspannungen, Verkrampfungen und tiefsitzenden Blockaden sowie zur Lösung von gesundheitlichen Problemen aller Art geeignet, dadurch Verbundenheit mit dem Fluß des Lebens.

B: Entspannen, Loslassen. Ein gleichzeitiges Trainieren und Festigen einer positiven, kraftvollen Einstellung für das tägliche Leben.

CD 210, ISBN 3-928084-57-7
MC 10, ISBN 3-928084-45-3
A: Das blaue Licht
B: Rummelplatz der Freude
A: Diese Entspannungsreise, *an den Ursprung deines Seins,* dient der Harmonisierung und stärkt das Einheits- bzw. Ganzheitsgefühl in Körper, Geist und Seele. Du bist – ICH BIN!

B: Energiemeditation, um bestimmte Eigenschaften, die gewünscht werden, gezielt zu fördern.

Informationsmaterial über weitere Bücher, Seminare und Musik fragen Sie bitte über den Verlag an:

Corona Verlag HAMBURG • Postfach 76 02 65
22052 Hamburg • Tel. 040-642 41 44 • Fax: 040-642 41 45